赵厚池 编著

抖音电商

▶ 从入门到精通 抖店运营 ⊕ 橱窗推广 ⊕ 购物车转化

清华大学出版社
北京

内 容 简 介

如何快速开通抖音小店？怎样提高抖音小店的运营效率？
如何利用橱窗推广商品？怎样提高购物车的转化率？

本书通过 3 大篇章向大家介绍了抖音小店运营、抖音商品橱窗推广以及购物车带货的基础知识和操作方法，帮助大家快速找到适合自己的抖音电商运营方法，轻松有效地实现运营目标！3 大篇章的具体内容安排如下。

抖店运营篇：主要介绍了小店入驻、小店管理、小店推广和利用抖音盒子推广小店的技巧。

橱窗推广篇：主要介绍了橱窗管理、橱窗功能和橱窗带货的操作步骤和方法。

购物车转化篇：主要介绍了购物车功能、购物车转化技巧和购物车数据分析的相关内容。

本书既可作为想深入了解抖音电商运营，特别是想通过抖音小店、橱窗、购物车进行卖货的人的案边书，也可作为高等院校的电商、新媒体等相关专业的教材或教辅。

本书封面贴有清华大学出版社防伪标签，无标签者不得销售。
版权所有，侵权必究。举报：010-62782989，beiqinquan@tup.tsinghua.edu.cn。

图书在版编目（CIP）数据

抖音电商从入门到精通：抖店运营＋橱窗推广＋购物车转化 / 赵厚池编著 . —北京：清华大学出版社，2022.8（2023.9 重印）
ISBN 978-7-302-61282-7

Ⅰ . ①抖… Ⅱ . ①赵… Ⅲ . ①网络营销 Ⅳ . ① F713.365.2

中国版本图书馆 CIP 数据核字（2022）第 156569 号

责任编辑：贾旭龙
封面设计：飞鸟互娱
版式设计：文森时代
责任校对：马军令
责任印制：曹婉颖

出版发行：清华大学出版社
网　　址：http://www.tup.com.cn，http://www.wqbook.com
地　　址：北京清华大学学研大厦 A 座　　邮　编：100084
社 总 机：010-83470000　　邮　购：010-62786544
投稿与读者服务：010-62776969，c-service@tup.tsinghua.edu.cn
质量反馈：010-62772015，zhiliang@tup.tsinghua.edu.cn
印 装 者：小森印刷（北京）有限公司
经　　销：全国新华书店
开　　本：145mm×210mm　　印　张：8.125　　字　数：224 千字
版　　次：2022 年 10 月第 1 版　　印　次：2023 年 9 月第 2 次印刷
定　　价：69.80 元

产品编号：096178-02

PREFACE 前言

抖音小店是抖音官方支持的一种店铺形式，商家可以开通抖音小店，销售自己的商品。而带货达人则可以添加抖音小店中的商品，通过抖音平台进行带货，从而获得变现收益。可以说，在抖音平台的很多电商运营活动中，都可以看到抖音小店的身影。

运营者可以开通抖音电商带货权限，获得抖音商品橱窗，然后将商品（包括抖音小店的商品和部分第三方平台中的商品）添加至橱窗中进行推广。抖音商品橱窗不仅可以展示商品，增加商品的曝光量，而且只要用户通过橱窗购买了商品，运营者还可以获得一定的收益。

除了商品橱窗之外，运营者还可以借助抖音购物车来推广商品。具体来说，运营者可以将商品添加至购物车中，而用户则可以点击购物车查看和选购其中的商品。而且只要用户通过购物车购买了商品，那么运营者便可以获得带货收益。

抖音小店、橱窗和购物车都是抖音电商运营和变现的重要方式。从商家到运营者，从个人到机构，从无货到有货，都可以通过抖音进行变现，本书将对这 3 个重要的电商运营和变现方式进行全面的讲解。

没有运营经验或对抖音电商运营不了解的读者也不要担心，本书对抖店运营、橱窗推广和购物车转化的相关知识进行了全面的讲解，而且对部分重要内容还展示了具体的操作步骤。因此，即便是抖音运营新手，也能快速看懂并运用本书介绍的相关技巧，有效地提升自身的运营和变现能力。

需要特别提醒的是，在编写本书时，笔者是基于当时各平台和软件截取的实际操作图片，但书稿从编辑到出版需要一段时间，在这段时间里，软件界面与功能可能会有调整与变化，比如有的内容删除了，有的地方增加了内容，这都是软件开发商做的更新，请在阅读时，根据书中的思路，举一反三，进行学习。

本书由赵厚池编著，参与编写的人员还有高彪、王萍、陈进等，在此表示感谢。由于作者知识水平有限，书中难免存在疏漏之处，恳请广大读者批评、指正。

编 者

2022 年 8 月

CONTENTS 目录

01 抖店运营篇

第1章　小店入驻：获取专属于你的店铺 002

1.1　了解抖音小店 003

- 1.1.1　什么是抖音小店 003
- 1.1.2　为什么要开抖音小店 003
- 1.1.3　解决运营中遇到的问题 007
- 1.1.4　查看抖店平台的公告 010
- 1.1.5　抖音小店的招商标准 011
- 1.1.6　参加官网的相关活动 012
- 1.1.7　如何推广抖音小店的商品 014
- 1.1.8　运营抖音小店的注意事项 015

1.2　掌握抖音小店的入驻操作 016

- 1.2.1　抖音小店的电脑端入驻流程 017
- 1.2.2　抖音小店的移动端入驻操作 025
- 1.2.3　抖音小店全球购商家的入驻操作 027

第2章　小店管理：保持店铺的高效运营 029

2.1　抖店账号管理 030

- 2.1.1　切换抖店账号 030
- 2.1.2　为抖店绑定渠道号 031

    2.1.3　设置在线支付功能 032
    2.1.4　抖店子账号的管理 033
  2.2　抖店运营操作 037
    2.2.1　完成平台的新手任务 037
    2.2.2　开通抖店的会员功能 038
    2.2.3　基地商品入驻精选联盟 039
  2.3　店铺商品管理 041
    2.3.1　创建单个商品 042
    2.3.2　创建组合商品 043
    2.3.3　设置运费模板 045
  2.4　店铺装修管理 046
    2.4.1　大促活动页的装修技巧 046
    2.4.2　精选页的装修技巧 047
    2.4.3　分类页的装修技巧 048
    2.4.4　自定义页的装修技巧 049
  2.5　店铺客服管理 050
    2.5.1　抖音小店的客服服务 050
    2.5.2　抖音小店的发货履约 051
    2.5.3　抖音小店的售后处理 053
  2.6　抖店结算分析 055
    2.6.1　抖店资产结算 055
    2.6.2　抖店数据分析 056

第3章　小店推广：快速吸引用户的目光 059

  3.1　使用优惠券促销 060
    3.1.1　商品优惠券 060
    3.1.2　店铺粉丝券 061
    3.1.3　达人粉丝券 063
    3.1.4　店铺新人券 065
    3.1.5　全店通用券 066
  3.2　借助营销工具做推广 067
    3.2.1　限时限量购 067

3.2.2	满减活动	069
3.2.3	定时开售	070
3.2.4	拼团活动	071
3.2.5	定金预售	073
3.2.6	拍卖活动	075
3.2.7	裂变营销	077

3.3 借助广告活动做推广 079
- 3.3.1 利用巨量千川投放广告 079
- 3.3.2 参加抖店后台的相关活动 080
- 3.3.3 参加巨量百应平台的活动 082

第 4 章 抖音盒子：商品推广的绝佳渠道 085

4.1 快速了解抖音盒子 086
- 4.1.1 什么是抖音盒子 086
- 4.1.2 入驻抖音盒子平台 087
- 4.1.3 抖音盒子的界面介绍 088

4.2 通过抖音盒子推广商品 096
- 4.2.1 通过短视频推广商品 096
- 4.2.2 通过开直播推广商品 100
- 4.2.3 通过爆款内容引爆商品 103
- 4.2.4 通过优化技巧提升推广效果 105

02 橱窗推广篇

第 5 章 橱窗管理：将商品有序地呈现出来 114

5.1 快速了解抖音商品橱窗 115

5.1.1	什么是抖音商品橱窗	115
5.1.2	为什么要开通抖音商品橱窗	116
5.1.3	开通抖音商品橱窗的方法	116
5.1.4	如何提升橱窗的带货口碑	118

5.2 通过移动端管理商品橱窗 ... 119

5.2.1	添加商品	120
5.2.2	置顶商品	122
5.2.3	更新信息	124
5.2.4	删除商品	124
5.2.5	预览橱窗	126

5.3 通过电脑端管理商品橱窗 ... 127

5.3.1	添加商品至橱窗	127
5.3.2	隐藏橱窗商品	129
5.3.3	显示橱窗商品	131
5.3.4	置顶橱窗商品	132
5.3.5	更新橱窗商品	133
5.3.6	删除橱窗商品	134

第6章 橱窗功能：提升账号的佣金收益 ... 138

6.1 账号的信息查阅功能 ... 139

6.1.1	账号等级	139
6.1.2	账号信用分	141
6.1.3	带货口碑分	142
6.1.4	带货数据查询	143

6.2 精选联盟的推广功能 ... 144

6.2.1	商品管理功能	144
6.2.2	招商合作功能	145
6.2.3	佣金统计功能	147
6.2.4	联系方式功能	149

6.3 橱窗的常用服务功能 ... 150

6.3.1	小店的相关功能	150

	6.3.2	账号管理功能	151
	6.3.3	其他常用功能	155

6.4 橱窗带货的学习功能 ... 155

	6.4.1	分享排行榜功能	155
	6.4.2	电商学习功能	156
	6.4.3	规则学习功能	158

第 7 章 橱窗带货：有效提升商品的销量 ... 160

7.1 为橱窗选择合适的带货商品 ... 161

	7.1.1	根据自身优势选择商品	161
	7.1.2	根据官方榜单选择商品	164
	7.1.3	根据店铺评分选择商品	168
	7.1.4	根据用户评价选择商品	168
	7.1.5	根据带货佣金率选择商品	169

7.2 根据商品类别选择合适的带货方法 ... 170

	7.2.1	服装类商品的带货方法	170
	7.2.2	美食类商品的带货方法	174
	7.2.3	课程类商品的带货方法	175
	7.2.4	设备类商品的带货方法	177
	7.2.5	美妆类商品的带货方法	178

03 购物车转化篇

第 8 章 从零入门：快速了解购物车功能 ... 182

8.1 快速了解抖音购物车 ... 183

	8.1.1	什么是抖音购物车	183

- 8.1.2 带货购物车视频的发布限制 ... 183
- 8.1.3 无法使用购物车带货的原因 ... 184
- 8.1.4 带货购物车短视频使用规范 ... 184
- 8.2 使用购物车功能的场景 ... 184
  - 8.2.1 短视频购物的场景 ... 185
  - 8.2.2 直播间购物的场景 ... 186
  - 8.2.3 抖音商城购物的场景 ... 187
  - 8.2.4 将商品加入购物车的场景 ... 188
  - 8.2.5 查看购物车商品的场景 ... 189
- 8.3 购物车的常见管理技巧 ... 190
  - 8.3.1 在购物车中购买商品 ... 190
  - 8.3.2 删除购物车中的商品 ... 192
  - 8.3.3 清空购物车中的失效商品 ... 193
- 8.4 直播购物车的使用技巧 ... 195
  - 8.4.1 添加直播商品 ... 195
  - 8.4.2 删除直播商品 ... 196
  - 8.4.3 调整商品排序 ... 197
  - 8.4.4 设置主推商品 ... 199
  - 8.4.5 设置商品的卖点 ... 202
  - 8.4.6 设置讲解中的商品 ... 203

第9章 转化技巧：将抖音流量变成销量 ... 205

- 9.1 视频购物车的商品转化技巧 ... 206
  - 9.1.1 植入商品使用场景 ... 206
  - 9.1.2 拍摄商品制作过程 ... 206
  - 9.1.3 制作开箱测评视频 ... 207
  - 9.1.4 通过对比展示效果 ... 208
  - 9.1.5 选择吸睛的短视频封面 ... 208
  - 9.1.6 通过活动优惠促进成交 ... 210
- 9.2 直播购物车的商品转化技巧 ... 211
  - 9.2.1 重点讲解商品的卖点 ... 211

9.2.2	借助用户评价树立口碑	213
9.2.3	对比突出商品价格优势	214
9.2.4	通过增值内容增强获得感	215
9.2.5	选用专业的抖音直播导购	216
9.2.6	借助专业表达引导用户下单	217
9.2.7	通过直播设置增加曝光量	221
9.2.8	通过直播预告吸引自然流量	223

第 10 章　数据分析：评估购物车转化效果 ... 227

10.1　账号购物车数据分析 ... 228

10.1.1	直播购物车数据分析	229
10.1.2	视频购物车数据分析	231
10.1.3	购物车带货数据分析	232
10.1.4	购物车数据监控和分析	234

10.2　单个商品带货数据分析 ... 240

10.2.1	商品基础数据分析	241
10.2.2	商品达人数据分析	243
10.2.3	商品直播数据分析	244
10.2.4	商品视频数据分析	245
10.2.5	商品粉丝数据分析	246

01　抖店运营篇

Chapter 01

第1章
小店入驻：获取专属于你的店铺

商家可以入驻抖店平台，开设一个专属于自己的店铺。本章，笔者就来讲解抖音小店的相关知识和入驻操作，帮助大家快速了解抖音小店。

第1章 小店入驻：获取专属于你的店铺

1.1 了解抖音小店

部分抖音商家可能连抖音小店都没听过，也就更不用说明白什么是抖音小店、抖音小店怎么运营了。这一节，笔者就为大家讲解抖音小店的相关知识，帮助大家了解抖音小店。

1.1.1 什么是抖音小店

抖音小店（简称"抖店"）是为商家提供和展示商品的一种店铺形式，也是抖音官方大力支持的一种电商运营便捷化工具。商家可以通过开设抖音小店，并将抖音小店中的商品上传至抖音平台，从而增加商品的曝光量，提高商品的销量，让自己获得更多的收益。

1.1.2 为什么要开抖音小店

对于部分商家来说，开一个抖音小店并不是一件容易的事，不仅需要经历复杂的入驻过程，还需要缴纳一笔保证金。那么，为什么还是有很多人迫不及待地要开抖音小店呢？这主要是因为开抖音小店有以下几个好处。

1. 拓宽商品的销售渠道

抖音小店实际上就是抖音官方推出的一个销售渠道，商家开通抖音小店之后，便可以将商品上传至抖音平台上进行销售。也就是说，开通抖音小店之后，商家的商品销售渠道被拓宽了。而且抖音小店和其他电商平台的店铺是不冲突的，商家可以在运营其他平台店铺的同时，运营自己的抖音小店。

2. 为用户购物提供便利

虽然抖音平台支持销售淘宝、京东等第三方平台的商品，但是对于用户来说，购买抖音小店的商品要比购买第三方平台的商品便利一些。这主要是因为第三方平台的商品需要跳转至对应平台进行购买，而抖音小店的商品可以直接在抖音平台进行购买。

以通过带货短视频购买商品为例,如果短视频中添加的是淘宝平台的商品,用户可以点击 🛒 图标或短视频推广标题,如图 1-1 所示。执行操作后,会弹出商品详情对话框,此时需要点击对话框中的"去淘宝看看"按钮,如图 1-2 所示,并跳转至淘宝平台的商品详情页面中选购商品。

图 1-1

图 1-2

如果短视频中添加的是抖音小店中的商品,点击 🛒 图标或短视频推广标题,如图 1-3 所示,会弹出商品详情对话框。点击对话框中的"立即购买"按钮,如图 1-4 所示。

执行操作后,会弹出商品选购对话框:❶用户需要选择要购买的商品和购买数量;❷点击"立即购买"按钮,如图 1-5 所示。执行操作后,进入"确认订单"界面。只需点击该界面下方的"提交订单"按钮,如图 1-6 所示,并根据提示支付对应金额,即可直接在抖音 App 中完成下单。

第 1 章 小店入驻：获取专属于你的店铺

图 1-3

图 1-4

图 1-5

图 1-6

从上述内容不难看出：用户要通过带货短视频购买淘宝商品（其他平台的商品也是一样），需要前往对应平台的 App 中选购商品。也就是说，如果用户未下载该平台的 App，那么还需要先花时间完成下载并注册该平台的账号，才能下单进行购买，这无疑是非常麻烦的。

而用户要通过带货短视频购买抖音小店的商品，则只需要在抖音 App 中完成选购工作，并支付对应的金额即可完成下单。这与购买淘宝平台的商品相比，无疑要便利许多。

3．增加商品的曝光量

随着抖音电商的发展，抖音小店与抖音 App 的联系变得更加密切了，用户甚至可以通过抖音 App 查看对应抖音小店中的商品。因此，如果短视频中添加的是抖音小店的商品，那么还可以有效地增加抖音小店中其他商品的曝光量。

具体来说，如果带货短视频中添加的商品来自抖音小店，那么用户点击短视频中的购物车图标和短视频推广标题，并点击弹出的商品详情对话框中的"进店"按钮（见图 1-7）后，即可在抖音小店的"商品"选项卡中，查看该小店的在售商品（见图 1-8）。这样一来，抖音小店的商品曝光量便得到了提高。

图 1-7

图 1-8

第 1 章 小店入驻：获取专属于你的店铺

> **特别提醒**　只有抖音小店中的商品的商品详情对话框中才会显示"进店"按钮。也就是说，进店查看商品是抖音小店的专属权益，第三方平台的在售商品是无法通过抖音的商品详情页直接查看店铺中的其他商品的。

4．更好地为用户服务

通过抖音小店与抖音 App 的连接，商家可以为用户提供客服咨询入口，从而通过在线沟通为用户提供更好的服务。具体来说，如果带货短视频中添加的是抖音小店中的商品，那么用户点击短视频中的🛒图标和短视频推广标题，并点击弹出的商品详情对话框中的"客服"按钮（见图 1-9），即可进入聊天界面（见图 1-10）与抖音小店的客服进行在线沟通。

图 1-9

图 1-10

1.1.3　解决运营中遇到的问题

在运营抖店的过程中，商家可能会遇到一些问题。下面，笔者就为大家介绍两种解决这些问题的方法。

1. 查看抖店的常见问题

抖店平台为用户提供了常见问题的查看入口,如果大家在注册过程中遇到了问题,可以通过如下步骤从中寻找问题的答案。

Step 01 进入抖店官网的"首页"页面,单击页面右侧的"常见问题"按钮,如图 1-11 所示。

图 1-11

Step 02 执行操作后,进入"抖店介绍"页面,商家可以单击左侧导航栏中的按钮,查看对应的问题。例如,可以单击导航栏中的"类目选择"按钮,如图 1-12 所示。

图 1-12

Step 03 执行操作后,即可进入"类目选择"页面,查看相关的问题和答案,如图 1-13 所示。如果商家不知道入驻抖店时要选择哪个类目,可以查看该页面中的内容,并根据页面中的问答,选择适合自己的类目进行入驻。

第 1 章 小店入驻：获取专属于你的店铺

图 1-13

2．联系客服进行咨询

在运营抖音小店时，商家可能会遇到一些自己无法解决的问题，此时便可以通过联系客服进行咨询，获得问题的答案。具体来说，可以通过如下步骤咨询运营过程中遇到的问题。

Step 01 进入抖店官网的"首页"页面，单击页面右侧的"联系商服"按钮，如图 1-14 所示。

图 1-14

Step 02 执行操作后，页面中会弹出"在线客服"对话框，商家可以单击对话框中要咨询的问题，如图 1-15 所示。

Step 03 执行操作后，商家会向在线客服发送对应的问题，而在线客服则会给出问题的答案，如图 1-16 所示。

图 1-15

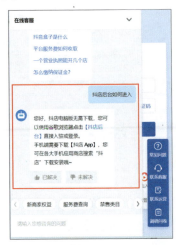
图 1-16

1.1.4 查看抖店平台的公告

抖店平台会不定期推出一些公告，商家可以通过如下操作查看相关的公告，及时了解平台给出的相关信息。

Step 01 进入抖店官网的"首页"页面，滑动页面，单击"最新资讯"板块中"公告"后方的"查看更多"按钮，如图 1-17 所示。

图 1-17

Step 02 执行操作后，即可在"最新资讯"页面的"公告"选项卡中查看已发布公告的标题，如果要查看某个公告，可以单击对应公告所在的位置，如图 1-18 所示。

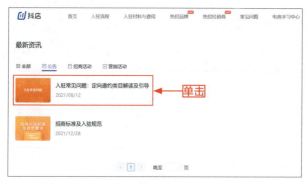

图 1-18

1.1.5　抖音小店的招商标准

为了更好地引导商家入驻抖音小店，抖店平台制定了《招商标准及入驻规范》。商家只需单击图 1-18 中该规范所在的位置，即可查看其具体内容。该规范包含的内容比较多，商家可以根据自身需求重点把握部分内容。例如，在选择入驻主体时，可以重点查看抖音小店入驻主体资质的相关内容，如图 1-19 所示。

入驻主体	基础资质	资质说明
企业/个体工商户	营业执照	1、需提供三证合一/二证合一的营业执照原件扫描件或加盖公司公章的营业执照复印件； 2、确保未在企业经营异常名录中且所售商品在营业执照经营范围内； 3、距离有效期截止时间应大于15天； 4、证件需保证清晰完整有效。
企业/个体工商户	法定代表人/经营人身份证	1、需提供身份证照片正反面； 2、需提供本人手持身份证照片（手持证件，上半身拍照，手臂完整露出）； 3、身份证须使用二代身份证； 4、证件需保证清晰完整有效； 5、企业须提供法定代表人身份证，个体工商户请提供经营者身份证； 6、境外法人可提供护照或中华人民共和国外国人永久居留身份证，如提供护照，需同时提交护照名称页翻译件，加盖翻译机构公章； 点击查看境外经营者和法定代表人证件说明
企业/个体工商户	银行账户信息	1、需提供银行账户名称、开户行和账号； 2、企业须提供开户主体与营业执照主体一致的对公账户； 3、个体工商户可选择对公账户或者经营者的对私账户。若选择对公账户的，开户主体应与营业执照主体一致；若选择对私账户的，开户主体应与营业执照经营者一致。
个人 *此类新商家入驻已暂停，已入驻商家可正常经营	身份证	1、需提供身份证照片正反面； 2、需提供本人手持身份证照片（手持证件，上半身拍照，手臂完整露出）； 3、身份证须使用二代身份证； 4、证件需保证清晰完整有效；

图 1-19

1.1.6 参加官网的相关活动

抖店官网有时候会推出一些招商活动和营销活动，商家可以积极参与这些活动，提高自身的运营能力，让自己获得更多收益。具体来说，商家可以通过如下步骤参与抖店官网的招商活动。

Step 01 进入抖店官网的"最新资讯"页面，❶切换至"招商活动"选项卡；❷单击对应招商活动所在的位置，如图 1-20 所示。

图 1-20

Step 02 执行操作后，即可查看招商活动的详情，有需要的商家还可以通过其中提供的渠道参与对应的招商活动。如图 1-21 所示，某直播课招商活动就提供了参与方法，商家只需用抖音 App 进行扫码便可以参与。

图 1-21

第 1 章 小店入驻：获取专属于你的店铺

另外，有需要的商家还可以通过如下操作查看或者直接参与抖店官网平台中的营销活动。

Step 01 进入抖店官网的"最新资讯"页面，❶切换至"营销活动"选项卡；❷单击对应营销活动所在的位置，如图 1-22 所示。

图 1-22

Step 02 执行操作后，即可进入对应营销活动的详情页面。图 1-23 所示为某营销活动的详情页面，该页面对活动做了相关介绍，如果商家要参与该活动，可以单击页面下方的链接，进入对应页面，按照要求进行报名。

图 1-23

1.1.7 如何推广抖音小店的商品

入驻抖音小店平台之后，商家可以直接通过抖音平台推广其中的商品，下面笔者就为大家介绍一些常用的推广方法。

1. 通过精选联盟推广商品

商家开设抖音小店之后，可以选择入驻抖音精选联盟平台。这样一来，抖音小店中的商品将出现在精选联盟平台中，运营者通过精选联盟选品或用户通过精选联盟购物时，都有可能看到你的商品。具体来说，商家可以通过如下操作入驻精选联盟平台。

Step 01 进入抖店后台，单击页面上方的"精选联盟"按钮，如图 1-24 所示。

图 1-24

Step 02 执行操作后，进入巨量百应平台的"开通精选联盟权限"页面，单击页面中的"立即开通"按钮，如图 1-25 所示。

图 1-25

第 1 章 小店入驻：获取专属于你的店铺

Step 03 执行操作后，会出现开通精选联盟的协议，阅读协议内容，❶选中"我已认真阅读并充分理解本协议及《巨量百应平台隐私政策》并接受其内容和条款。"前方的复选框；❷单击"进入巨量百应Buyin 平台"按钮，如图 1-26 所示。

图 1-26

Step 04 执行操作后，即可完成精选联盟平台的入驻。入驻成功之后，商家便可以将商品上传至精选联盟平台，并借助该平台推广商品。

2．通过自己带货推广商品

将商品上传至抖音精选联盟平台之后，商家可以将商品添加至自己的抖音号商品橱窗中。这样，商家只需在发布的短视频和直播中添加商品，即可推广商品。

3．通过与达人合作推广商品

商家和运营者可以通过数据分析平台对带货达人进行分析，并与合适的达人进行沟通。达成合作之后，带货达人将通过抖音短视频和直播对小店商品进行推广，而商家只需按照约定支付佣金即可。

1.1.8 运营抖音小店的注意事项

为了更加高效、有序地运营抖音小店，商家需要注意以下运营事项。

1. 上传商品的注意事项

在上传商品时需要注意以下事项，否则商品可能无法正常上架。

（1）不能发布与联系方式相关的信息

在商品详情中不能通过实体店信息、银行账号、二维码、非平台链接和水印等方式掺杂联系方式。

（2）不能发布违法违规内容

商品详情页中的信息须符合国家法律法规的相关要求，如果夹杂了违法违规的内容将无法通过平台的审核。

（3）详情页中要展示商品的详细信息

通常来说，在商品详情页中要列出商品的品牌、名称、生产厂商、厂址、许可证编码、生产日期、规格、尺寸、重量、保质期和使用方法等信息。

（4）正确选择商品的类目

商家要根据上传的营业执照的经营范围选择类目并上传商品，与规定类目不一致的商品将无法完成上架。

2. 运营抖音小店特殊类目的注意事项

如果商家在抖音小店销售酒类、生鲜、珠宝文玩、陶瓷、茶叶、二手奢侈品和二手数码产品等特殊类目的商品，需要先向平台报白（即申报白名单，获得销售的权限）。否则，商家将无法上架这些特殊类目的商品。

3. 运营抖音小店的其他注意事项

除了上述事项之外，商家在运营抖音小店时还需要注意一些其他事项。例如，要为用户提供优质的商品和良好的服务，将店铺评分维持在较高的水平。如果店铺评分太低，抖音小店可能会受到关闭店铺的处罚。

1.2 掌握抖音小店的入驻操作

商家要想运营一个抖音小店，首先需要完成入驻开店的相关工作，

第 1 章 小店入驻：获取专属于你的店铺

获取属于自己的店铺。本节，笔者就为大家讲解入驻开店的相关知识，帮助大家快速开通抖音小店。

1.2.1 抖音小店的电脑端入驻流程

本节，笔者将为大家介绍抖音小店的电脑端入驻流程。

1．查看入驻资料

在正式入驻之前，商家需要先查看入驻资料，并根据自身要入驻的账号类型准备好资料，这样可以有效地节省入驻的时间。下面，笔者就来介绍抖音小店入驻资料的查看方法。

Step 01 进入抖店官网的"首页"页面，❶单击页面中的"入驻材料与费用"按钮，即可看到"入驻材料与费用"板块；❷在该板块中选择开店主体和店铺类型；❸单击下方的"查询"按钮，如图 1-27 所示。

图 1-27

Step 02 执行操作后，即可在弹出的"入驻所需材料、费用"页面中，查看具体账号类型所需的入驻材料，如图 1-28 所示。如果商家要查看具体的入驻材料，还可以单击页面中的"展示更多"按钮进行查看。

抖音电商从入门到精通：抖店运营＋橱窗推广＋购物车转化

图 1-28

2. 登录账号

了解并准备好入驻所需的材料之后，商家便可以在抖店平台中登录账号，开启入驻了。具体来说，商家可以通过如下步骤登录账号。

Step 01 进入抖店官网的"首页"页面，单击"其他入驻方式"中的"抖音入驻"按钮，如图 1-29 所示。

图 1-29

Step 02 执行操作后，进入"抖音"页面，该页面中会出现一个二维码，如图 1-30 所示，商家需要进入抖音 App 的搜索界面中扫描该二维码。

第 1 章 小店入驻：获取专属于你的店铺

图 1-30

Step 03 进入抖音 App 的"推荐"界面，点击界面中的 图标，如图 1-31 所示。

Step 04 执行操作后，进入"扫码"界面，将镜头对准页面中的二维码进行扫码，如图 1-32 所示。

图 1-31　　　　　　　　图 1-32

Step 05 执行操作后，进入"抖音授权"界面，点击界面下方的"同意协议并授权"按钮，如图 1-33 所示。

图 1-33

Step 06 执行操作后,即可用抖音账号登录抖店平台。

3. 选择主体类型

登录抖店平台之后,会自动跳转至"请选择主体类型"页面,如图 1-34 所示,商家需要在该页面中根据自身需要选择合适的主体类型(即单击对应主体类型下方的"立即入驻"按钮)。

图 1-34

第1章 小店入驻:获取专属于你的店铺

4. 填写主体信息

单击对应主体类型下方的"立即入驻"按钮之后,会自动跳转至"01.填写主体信息"页面。商家需要根据要求上传营业证件和相关人员的身份证件图片。

当然,选择的账号主体不同,"01.填写主体信息"页面中要填写的信息也不同。例如,企业/公司类主体需要填写的主体信息包括营业证件信息和法定代表人信息。图 1-35 所示为企业/公司类主体需要填写的部分主体信息。

图 1-35

5. 填写店铺信息

单击图 1-35 中的"下一步"按钮,即可进入"02.填写店铺信息"页面。商家需要根据要求在该页面中填写店铺基本信息、经营类目和店铺管理人信息的相关内容,如图 1-36 所示。

6. 进行资质审核

商家根据需要填写店铺信息并单击图 1-36 中的"提交审核"按钮,随后自动进入"03.资质审核"页面,该页面中会显示"最新资质提交资质审核中",如图 1-37 所示。

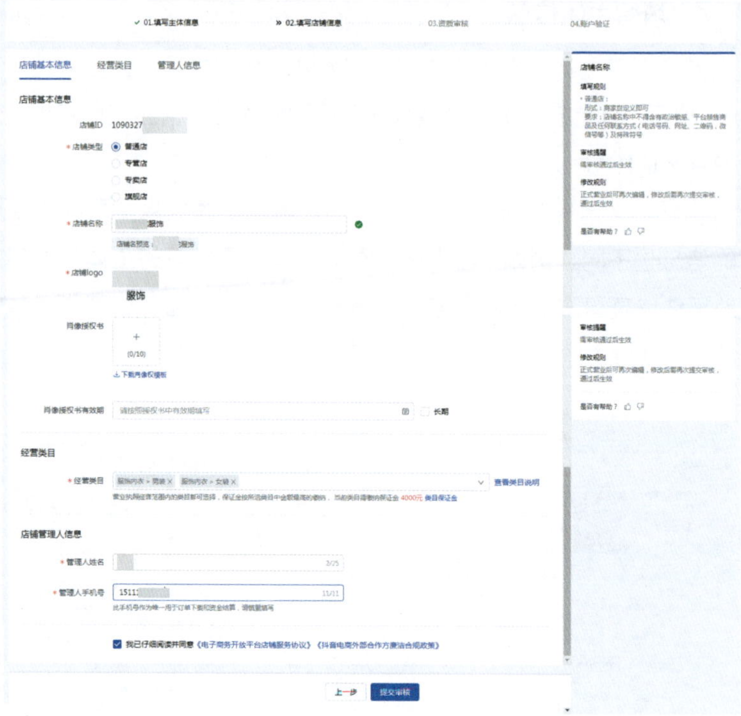

抖音电商从入门到精通：抖店运营+橱窗推广+购物车转化

图 1-36

图 1-37

系统完成审核之后，如果填写的信息有问题，那么页面中会提示审核未通过，如图 1-38 所示。此时，商家可以单击页面中的"编辑"

第 1 章 小店入驻：获取专属于你的店铺

按钮，根据未审核通过的原因，对相关信息进行调整，并再次申请审核，直至审核通过。

图 1-38

7．进行账户验证

审核通过之后，会自动跳转至"04.账户验证"页面，如图 1-39 所示。商家需要根据页面提示填写相关信息，进行账户验证。账户验证成功之后，会自动跳转至抖店后台的"首页"页面。

图 1-39

8．缴纳保证金

首次进入抖店后台时，"首页"页面中会出现缴纳保证金的提示。商家可以通过如下步骤缴纳保证金，完成抖音小店的入驻。

Step 01 进入抖店后台的"首页"页面，单击页面中的"缴纳保证金"按钮，如图 1-40 所示。

抖音电商从入门到精通：抖店运营＋橱窗推广＋购物车转化

图 1-40

Step 02 执行操作后，进入"保证金"页面，单击页面中的"充值"按钮，如图 1-41 所示。

图 1-41

Step 03 执行操作后，会弹出"充值保证金"对话框，❶在该对话框中输入充值金额；❷单击"充值"按钮，如图 1-42 所示。

Step 04 执行操作后，进入"请选择支付方式"页面。商家只需根据提示进行操作，便可以完成保证金的缴纳。保证金缴纳完成后，即可完成整个入驻流程。

第 1 章 小店入驻：获取专属于你的店铺

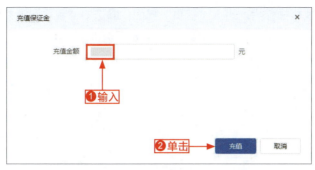

图 1-42

1.2.2 抖音小店的移动端入驻操作

除了电脑端之外，商家还可以通过移动端入驻抖音小店。下面，笔者就为大家介绍通过移动端入驻抖音小店的方法。

Step 01 进入抖音 App 的"我"界面，点击界面中的"商品橱窗"按钮，如图 1-43 所示。

Step 02 执行操作后，进入"商品橱窗"界面，点击界面中的"我的小店"按钮，如图 1-44 所示。

图 1-43

图 1-44

Step 03 执行操作后,进入"首页"界面,❶选中"我已阅读并同意上述授权及《账号绑定服务协议》"复选框;❷点击"立即入驻"按钮,如图1-45所示。

Step 04 执行操作后,进入"选择认证类型"界面,商家需要根据自身情况在该界面中选择合适的认证类型。以认证个体工商户为例,可以点击"个体工商户"后方的"立即认证"按钮,如图1-46所示。

图 1-45

图 1-46

Step 05 执行操作后,进入"主体信息"界面的"主体信息"板块,如图1-47所示。商家需要依次填写主体信息和店铺信息,并等待平台审核及账户验证。具体来说,商家完成一项操作后,即可进入下一步的操作。例如,商家完成主体信息的填写之后,只需点击界面下方的"下一步"按钮,即可进入"店铺信息"板块,并根据提示填写店铺的相关信息。

Step 06 在完成主体信息和店铺信息的填写,平台审核通过以及账户验证之后,即可完成抖音小店的入驻。

第 1 章 小店入驻：获取专属于你的店铺

图 1-47

1.2.3 抖音小店全球购商家的入驻操作

从图 1-34 可以看出，抖音小店的主体可分为国内主体和跨境主体。那么，全球购商家要想入驻应该怎么做呢？下面，笔者就为大家介绍具体的操作步骤。

Step 01 进入抖音电商全球购招商平台的"首页"页面，单击页面中的"立即入驻"按钮，如图 1-48 所示。

图 1-48

Step 02 执行操作后,进入"抖店"页面,单击 图标,如图1-49所示。

图 1-49

Step 03 执行操作后,会出现图 1-29 所示的登录方式选择页面。按照抖音小店电脑端的入驻方法,登录抖音小店平台并单击图 1-34 中"跨境"下方的"立即入驻"按钮。

Step 04 执行操作后,进入"01.填写主体信息"页面,如图 1-50 所示。商家需要根据页面提示填写主体信息,并单击页面下方的"下一步"按钮。

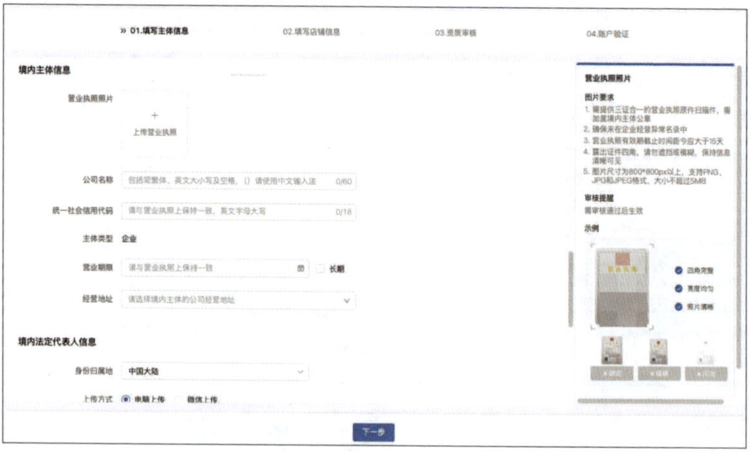

图 1-50

Step 05 执行操作后,依次完成填写店铺信息、资质审核和账户验证,并缴纳保证金,即可完成全球购商家的入驻。

Chapter 02

第2章
小店管理：
保持店铺的
高效运营

拥有属于自己的抖店之后，商家还需要对店铺进行管理，让店铺保持高效运营，从而获得更多的订单。本章，笔者将重点讲解抖店管理的干货知识，帮助商家做好店铺运营的相关工作。

2.1 抖店账号管理

为了更好地简化抖店的运营工作,提高运营效率,商家需要掌握一些账号管理技巧。本节,笔者就为大家介绍抖店账号管理的常见操作技巧。

2.1.1 切换抖店账号

如果商家使用同一个手机号注册了多个店铺,那便可以通过如下操作切换账号,进入对应店铺账号的后台。

Step 01 进入抖店后台的"首页"页面,❶单击页面右侧的 图标;❷选择弹出的列表框中的"切换店铺"选项,如图 2-1 所示。

图 2-1

Step 02 执行操作后,进入"选择店铺"页面,如图 2-2 所示。商家只需单击对应店铺下方的"进入店铺"按钮,即可进入对应的店铺账号的后台,快速实现店铺账号的切换。

图 2-2

第 2 章 小店管理：保持店铺的高效运营

2.1.2 为抖店绑定渠道号

渠道号，简单理解，就是用同一个抖店账号登录字节跳动旗下的多个平台。商家绑定渠道号之后，可以将同一个抖店的商品分享至多个平台。那么，如何为抖店绑定渠道号呢？下面，笔者就为大家讲解具体的操作步骤。

Step 01 进入抖店后台，依次单击"营销中心"按钮、"直播卖货"按钮和"账号管理"按钮，进入"账号管理"页面，单击页面中的"新增绑定账号"按钮，如图 2-3 所示。

图 2-3

Step 02 执行操作后，进入"新增绑定账号"页面，❶选中对应账号渠道（如抖音）前方的单选按钮；❷单击"登录需要绑定的账号"链接，如图 2-4 所示。

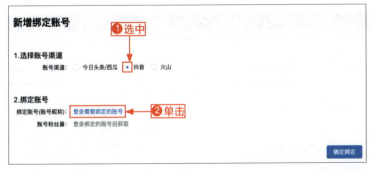

图 2-4

Step 03 执行操作后，会弹出"手机号登录"对话框，❶在对话框中输入手机号码和验证码；❷单击下方的"登录"按钮，如图 2-5 所示。

031

Step 04 执行操作后,返回"新增绑定账号"页面,单击页面下方的"确定绑定"按钮,即可完成渠道号的绑定。

图 2-5

2.1.3 设置在线支付功能

为了方便用户付款,商家可以对抖店的支付功能进行设置。具体来说,在抖店后台,商家不仅可以开通和设置在线支付功能,还可以将商品设置为货到付款。下面,笔者就以支付宝支付功能的开通为例进行说明。

Step 01 进入抖店平台,❶依次单击左侧导航栏中的"店铺"按钮和"支付方式设置"按钮,进入"支付方式设置"页面的"在线支付设置"选项卡;❷单击该选项卡中的"支付宝"按钮,如图 2-6 所示。

图 2-6

第 2 章 小店管理：保持店铺的高效运营

Step 02 执行操作后，进入"支付宝"页面，单击页面中的"立即开通"按钮，如图 2-7 所示。

Step 03 执行操作后，进入"开通支付宝支付"页面，核对"资质信息"板块中的信息，滑动页面至"绑卡信息"板块，如图 2-8 所示。商家需要根据提示在该页面中填写相关信息，并单击"提交"按钮。

图 2-7

图 2-8

Step 04 执行操作后，如果新跳转的页面中显示已开通支付宝支付的相关信息，就说明支付宝支付开通成功了。

2.1.4 抖店子账号的管理

店铺子账号可以理解为店铺官方账号的下属账号，商家可以根据员工的工作内容为其新建子账号，让员工拥有相关的管理权限。下面，笔者就来讲解店铺子账号的管理操作技巧，帮助大家了解店铺子账号。

1. 新建子账号

为了让员工更好地进行相关操作，商家可以为特定员工新建子账号。下面，笔者就为大家介绍新建子账号的操作方法。

Step 01 进入抖店后台，依次单击左侧导航栏中的"店铺"按钮和"子账号管理"按钮，进入对应页面的"账号管理"选项卡。单击该选项卡中的"新建账号"按钮，如图 2-9 所示。

图 2-9

Step 02 执行操作后，会弹出"新建账号"窗口，如图 2-10 所示。商家需要根据提示在对话框中设置相关信息，并单击下方的"新建"按钮。

图 2-10

Step 03 执行操作后，返回"账号管理"选项卡，如果该选项卡中出现

第 2 章 小店管理：保持店铺的高效运营

了刚刚新建的账号，并且显示账号"已启用"，就说明子账号新建成功了，如图 2-11 所示。

图 2-11

2. 删除子账号

除了新建子账号之外，还可以删除子账号。具体来说，商家可以进入抖店后台的"账号管理"选项卡，单击该选项卡中对应子账号后方的"删除"按钮，如图 2-12 所示。执行操作后，即可删除对应的子账号。

图 2-12

3. 编辑子账号信息

如果员工的工作内容出现了变化，商家还可以通过编辑子账号来调整员工账号的权限，具体操作步骤如下。

Step 01 进入抖店平台的"账号管理"选项卡，单击该选项卡中对应子账号后方的"编辑"按钮，如图 2-13 所示。

图 2-13

Step 02 执行操作后,会弹出"编辑账号"窗口,如图 2-14 所示。商家需要根据自身需求设置该对话框中的相关信息,并单击"保存"按钮。

图 2-14

Step 03 执行操作后,即可保存已调整的子账号信息,完成对子账号信息的编辑。

4. 停用与启用子账号

如果商家觉得不再需要使用某个子账号了,那么可以停用该账号。具体来说,商家可以进入抖店后台的"账号管理"选项卡,单击该选项卡中对应子账号后方的"停用"按钮,如图 2-15 所示。执行操作后,即可停用对应的子账号。

第 2 章 小店管理：保持店铺的高效运营

图 2-15

如果需要再次使用已经停用的子账号，商家可以通过简单的操作重新启用该账号。具体来说，商家可以进入抖店后台的"账号管理"选项卡，单击该选项卡中需要再次使用的子账号后方的"启用"按钮，如图 2-16 所示。执行操作后，即可重新启用该子账号。

图 2-16

2.2 抖店运营操作

在运营抖店的过程中，商家可以通过一些操作让运营获得更好的效果。本节，笔者就为大家介绍抖店运营的一些操作技巧。

2.2.1 完成平台的新手任务

入驻抖店平台之后，商家应该及时完成新手任务，这不仅可以熟悉相关操作，还能获得专属流量。那么，商家要如何完成新手任务呢？

下面，笔者就为大家介绍具体的操作步骤。

Step 01 进入抖店平台，依次单击左侧导航栏中的"店铺"按钮和"任务中心"按钮，即可进入"任务中心"页面，如图 2-17 所示。该页面会为商家展示各种需要完成的任务。

图 2-17

Step 02 单击对应任务后方的按钮，会自动跳转至对应任务的操作入口页面，商家只需根据提示进行操作，便可完成对应的任务。

 "任务中心"页面中包括 4 个选项卡，即"能力认证""新手启动""提升流量"和"经营进阶"。这些选项卡中都有一些对应的任务，商家可以根据需要先完成某个板块的任务，也可以根据板块的呈现顺序依次完成各个任务。

2.2.2　开通抖店的会员功能

抖音电商上线了"店铺会员"功能，商家可以引导用户加入店铺会员，让营销内容更好地触达用户，从而有效地提升店铺的收益。当然，商家要想在抖音平台中直接引导用户加入店铺会员，还得先在抖店后台开通会员功能。

具体来说，❶商家单击抖店后台左侧导航栏中的"人群触达"按钮，

第 2 章 小店管理：保持店铺的高效运营

即可看到开通会员的相关信息；❷选中"我已阅读并同意《抖店会员通功能服务协议》"复选框；❸单击"立即开通"按钮，如图 2-18 所示，即可开通会员功能。

图 2-18

2.2.3 基地商品入驻精选联盟

如果商家有自己的商品基地，就可以通过创建计划并提交人工审核申请，将自己基地中的商品入驻精选联盟，具体操作步骤如下。

Step 01 进入抖店平台的"首页"页面，单击"营销攻略"板块中的"精选联盟"按钮，如图 2-19 所示。

图 2-19

Step 02　进入巨量百应平台的"计划管理"板块，❶单击左侧菜单栏中的"普通计划"按钮；❷单击"添加商品"按钮，如图 2-20 所示。

图 2-20

Step 03　执行操作后，会弹出"添加推广商品"面板，单击面板中对应商品后方的"申请验货"按钮，申请人工验货，如图 2-21 所示。

图 2-21

Step 04　执行操作后，进入"商品信息申请"页面，如图 2-22 所示。在该页面中填写相关信息，并单击下方的"提交申请"按钮。

Step 05　执行操作后，如果页面中显示"已通过"，就说明基地商品入驻成功了，如图 2-23 所示。基地商品入驻成功之后，达人便可以在精选联盟中找到该商品，并为其进行带货。

图 2-22

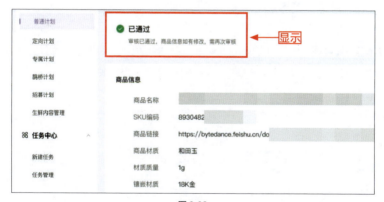

图 2-23

2.3 店铺商品管理

抖店商品管理包含的范围很广，无论是创建和添加商品，还是对店铺或橱窗中的商品进行调整，都属于商品管理的范畴。本节，笔者将重点讲解商品管理的相关知识，帮助大家有效地提高商品创建和管理的效率。

2.3.1 创建单个商品

很多商家都习惯一个一个地创建商品，对商品信息进行详细的设置。那么，如何在抖店后台创建单个商品呢？下面，笔者就为大家介绍具体的操作方法。

Step 01 进入抖店后台的"首页"页面，单击左侧导航栏中的"商品创建"按钮，如图 2-24 所示。

图 2-24

Step 02 执行操作后，进入"选择商品类目"页面，如图 2-25 所示。商家需要根据商品类别选择类目，并单击"下一步"按钮。

图 2-25

Step 03 执行操作后，进入商品创建的"基础信息"页面，如图2-26所示。商家需要在该页面中填写商品的相关信息，并单击"发布商品"按钮，提交填写的信息。

图 2-26

Step 04 执行操作后，商家只需根据系统提示设置图文、价格、库存、服务与履约的相关信息，便可以完成商品的创建。

2.3.2　创建组合商品

除了创建单个商品之外，商家还可以创建组合商品（将已经通过审核的多种商品组合在一起销售，可以看成进行捆绑销售）。那么，商家要如何创建组合商品呢？下面，笔者就来介绍具体的操作步骤。

Step 01 进入抖店后台，❶单击左侧导航栏"商品"板块中的"商品管理"按钮，进入"商品管理"页面；❷切换至"售卖中"选项卡，如图2-27所示。

Step 02 ❶单击"售卖中"选项卡中的"新建商品"按钮，会弹出一个列表框；❷单击列表框中的"组合商品"按钮，如图2-28所示。

图 2-27

图 2-28

Step 03 执行操作后,进入商品信息编写页面,如图 2-29 所示。商家只需在该页面中依次填写基础信息、规格信息、类目价格信息、图文信息、支付设置、服务与资质信息,并单击页面下方的"发布商品"按钮,即可完成组合商品的创建。

图 2-29

2.3.3 设置运费模板

有的用户在购物时会比较注重运费，如果运费太高，他们就会放弃购买。对此，商家可以通过"运费模板"设置合理的运费，让用户更愿意购买你的商品。下面，笔者就为大家介绍运费模板的设置方法。

Step 01 进入抖店后台，❶单击左侧导航栏"物流"板块中的"运费模板"按钮，进入"运费模板"页面；❷单击页面中的"新建模板"按钮，如图 2-30 所示。

图 2-30

Step 02 执行操作后，进入运费模板信息编写页面，如图 2-31 所示。商家只需根据提示编写信息，并单击页面下方的"保存"按钮，即可完成运费模板的设置。

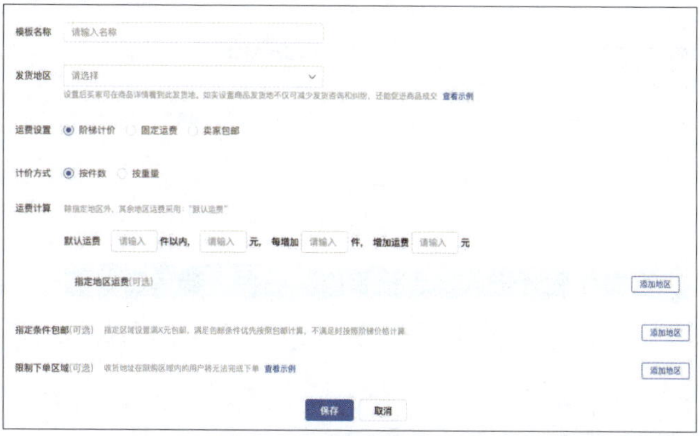

图 2-31

2.4 店铺装修管理

许多商家都会将店铺装修当作一项重点工作,这主要是因为适时装修店铺不仅可以提高店铺页面的美观度,而且可以吸引更多用户主动购买商品,成为店铺的消费者,进而达到提高店铺转化率的目的。

具体来说,抖音小店的页面可以分为大促活动页、精选页、分类页和自定义页。本节,笔者就分别介绍这些页面的装修技巧。

2.4.1 大促活动页的装修技巧

很多抖音小店在节日、周年庆等特殊时间节点,都会举行大促(即大规模促销)活动。此时,商家便需要通过店铺大促活动页装修来营造氛围。那么,如何对店铺大促活动页进行装修呢?下面,笔者就来介绍具体的操作步骤。

Step 01 进入抖店后台的"首页"页面,单击左侧导航栏"店铺"板块中的"店铺装修"按钮,如图2-32所示。

图 2-32

Step 02 执行操作后,进入"店铺装修"后台,❶单击导航栏中的"大促活动页"按钮,进入对应页面;❷单击页面下方的"装修页面"按钮,如图2-33所示。

Step 03 执行操作后,进入"大促承接页"页面,如图2-34所示。商家可以将左侧的组件拖至页面的中间部分,进行店铺装修。装修完成后,

第 2 章 小店管理：保持店铺的高效运营

单击页面右上方的"生效"按钮，即可应用大促活动页装修效果。

图 2-33

图 2-34

2.4.2 精选页的装修技巧

精选页即抖音小店商品橱窗精选页，装修该部分页面可以起到突出重点商品、提高商品转化率等作用。那么，商家要如何对精选页进行装修呢？下面，笔者就来介绍具体的操作步骤。

Step 01 进入"店铺装修"后台，单击左侧导航栏中的"精选页"按钮，进入"精选页"页面。单击该页面"精选页版本"板块中对应版本后方的"编辑"按钮，如图 2-35 所示。

图 2-35

Step 02 执行操作后,进入该版本精选页装修页面,商家可以单击页面中间的对应位置,对相关内容进行装修。例如,单击"海报"所在的位置,会弹出"海报"设置窗口,在此可以设置标题、描述和广告图片等装修元素,如图 2-36 所示。

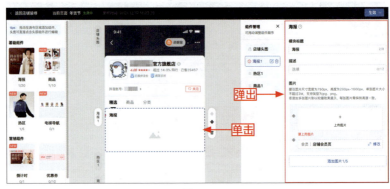

图 2-36

2.4.3 分类页的装修技巧

分类页是指抖音小店装修的橱窗分类页,装修分类页可以对商品进行分类整理,让用户更加快速、准确地找到需要的商品,从而达到提高商品转化率的目的。

分类页可以通过编辑生效中的版本或新建版本进行装修,下面就以新建版本为例,讲解具体的装修方法。

Step 01 ❶ 单击"店铺装修"后台左侧导航栏中的"分类页"按钮,进入"分类页"页面；❷单击页面右上方的"新建版本"按钮，如图 2-37 所示。

图 2-37

Step 02 执行操作后，对版本信息进行基本设置，即可进入分类页装修页面，如图 2-38 所示。商家只需要在右侧的"分类列表"窗口中设置标题和商品信息，并单击页面上方的"生效"按钮，即可完成分类页的装修。

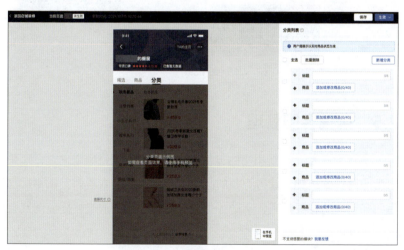

图 2-38

2.4.4 自定义页的装修技巧

自定义页是指按照自己的想法定义的页面，这种页面不固定在店铺中的某个位置，可以当成精选页海报的跳转链接页使用。与其他页面类型不同，自定义页是不能单独存在的。因此，如果商家要对自定义页进行装修，需要将自定义页关联其他种类的页面。下面，笔者以关联精选页为例，介绍具体的操作方法。

商家可以进入店铺精选页的装修页面，❶单击需要添加自定义页的位置；❷单击弹出的窗口中的"添加"按钮，如图 2-39 所示。执行操作后，只需要设置自定义页跳转链接的相关信息，即可将自定义页关联精选页。

图 2-39

2.5 店铺客服管理

售后服务会对抖音小店的运营产生直接的影响，通常来说，那些售后服务好的店铺会获得更多的回头客。本节，笔者就为大家讲解售后服务管理的相关技巧，帮助大家更好地促进店铺成交并提高消费者的回头率。

2.5.1 抖音小店的客服服务

抖音小店的客服包括人工客服和机器人客服，与人工客服相比，飞鸽机器人客服具有自动提供服务、随时可提供服务、可同时服务多位消费者和无须花费成本等优势。当然，商家要想使用飞鸽机器人，还得先开通机器人功能。下面，笔者就来介绍开通机器人的具体操作步骤。

第 2 章 小店管理：保持店铺的高效运营

Step 01 进入抖店后台的"首页"页面，单击页面中的 图标，如图 2-40 所示。

Step 02 执行操作后，进入飞鸽后台，单击左侧导航栏中的"基础设置"按钮，进入"基础设置"页面，如图 2-41 所示。

Step 03 商家只需将"开通机器人"后方的滑块向右滑动，并完成页面中的配置任务，即可开通机器人功能，使用机器人客服接待用户。

图 2-40

图 2-41

2.5.2 抖音小店的发货履约

发货履约是指根据订单进行发货并履行相关的约定。用户在通过抖音平台购买小店中的商品之后，商家需要根据订单及时给用户发货。为了做好店铺订单管理，提高发货的效率，商家需要掌握一些订单管理的技巧。例如，商家可以通过如下操作进行批量发货，提高发货的效率。

Step 01 进入抖店后台,单击左侧导航栏中的"批量发货"按钮,进入"批量发货"页面。❶单击页面中的"下载模板"按钮,根据模板编辑订单信息;❷单击"立即上传"按钮,如图2-42所示,上传编写好的订单信息。

图2-42

Step 02 执行操作后,页面左侧会显示上传的文件,同时页面右侧的"待发货"选项卡中会出现相关的订单信息。❶选中订单前方的复选框;❷单击页面下方的"批量发货"按钮,如图2-43所示。

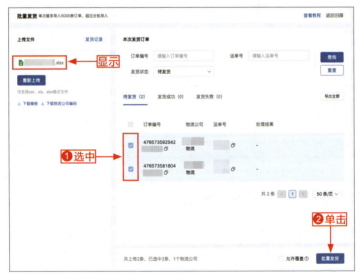

图2-43

Step 03 执行操作后,切换至"发货成功"选项卡,如果此时选项卡中显示对应订单的发货状态为"成功",就说明批量发货操作成功了,如图 2-44 所示。

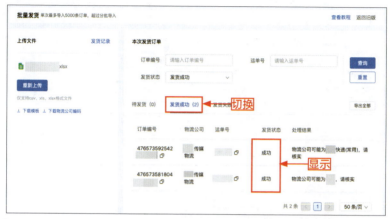

图 2-44

2.5.3 抖音小店的售后处理

在抖音小店的运营中,商家可能会有一些售后问题需要处理。在处理售后问题的过程中,商家可以通过一些技巧提高售后的处理效率和消费者的满意率,从而提高用户的回头率。例如,商家可以借助抖店后台的小额打款功能,给购买商品的用户一些补偿,提升用户的满意度,具体操作如下。

Step 01 进入抖店后台,单击左侧菜单栏中的"小额打款"按钮,进入"小额打款"页面的"发起打款"选项卡,如图 2-45 所示。

Step 02 执行操作后,❶在"发起打款"选项卡中输入订单编号;❷单击"查询"按钮;❸单击对应订单中的"发起打款"按钮,如图 2-46 所示。

Step 03 执行操作后,会弹出"发起打款"对话框,如图 2-47 所示。商家只需在对话框中设置相关信息,并单击"确认"按钮,即可完成小额打款的设置。

图 2-45

图 2-46

图 2-47

第2章 小店管理：保持店铺的高效运营

2.6 抖店结算分析

在运营抖音小店时，商家需要结合小店的相关数据进行资产结算，并通过数据分析寻找提升店铺收益的方案，只有这样小店才能发展得越来越好。本节，笔者就为大家介绍抖音小店资产结算和数据分析的相关技巧。

2.6.1 抖店资产结算

为了评估抖音小店的运营情况，商家通常需要定期做资产结算。因为资产结算涉及的内容比较多，所以很多商家在做资产结算时会感觉有些头疼。为了做好资产结算，商家需要掌握一些操作技巧。例如，商家可以通过如下操作查看店铺的订单结算明细，并下载相关的结算报表。

Step 01 进入抖店后台，❶单击左侧导航栏"资产"板块中的"订单结算明细"按钮，进入"订单结算明细"页面；❷单击"生成报表"按钮，如图 2-48 所示。

图 2-48

Step 02 执行操作后，会弹出"生成报表"对话框，单击对话框中的"确定"按钮，如图 2-49 所示，即可生成报表。

Step 03 执行操作后，单击"订单结算明细"页面中的"历史报表"按钮，如图 2-50 所示。

图 2-49

图 2-50

Step 04 执行操作后，进入"历史报表"页面，单击页面中对应报表后方的"下载"按钮，如图 2-51 所示，即可下载该报表。

图 2-51

2.6.2 抖店数据分析

在抖音小店的运营过程中，商家可以通过数据分析了解店铺的运营情况，并在此基础上寻找改良方案，使店铺获得更好的发展。下面，笔者就以蝉妈妈抖音版平台为例，为大家介绍抖音小店的数据分析方法。

第 2 章 小店管理：保持店铺的高效运营

Step 01 进入蝉妈妈抖音版平台，❶切换至"小店"选项卡；❷输入小店名称；❸单击 图标，如图 2-52 所示。

图 2-52

Step 02 执行操作后，进入抖音小店搜索页面，单击搜索结果中对应抖音小店的头像或名称，如图 2-53 所示。

图 2-53

Step 03 执行操作后，即可在"基础分析"页面中，查看抖音小店的数据概览、销量增长趋势和销售额增长趋势等信息，如图 2-54 所示。

图 2-54

Step 04 单击"基础分析"页面中的"达人分析"按钮,进入对应页面,即可查看为抖音小店带货的达人的相关数据,如图2-55所示。

图 2-55

Step 05 单击"达人分析"页面中的"商品分析"按钮,进入对应页面,即可查看抖音小店中各商品的数据情况,如图2-56所示。

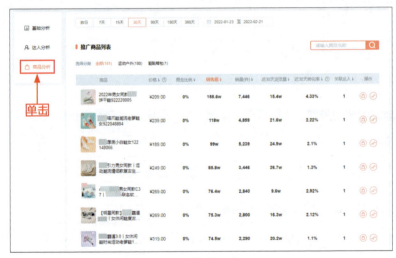

图 2-56

Chapter 03

第3章

小店推广：
快速吸引用户的目光

在抖音小店的运营过程中，商家可以通过一些营销推广技巧，吸引用户的目光，让商品和店铺获得更多的流量。本章，笔者将为大家介绍抖音小店常用的优惠券促销、营销工具和广告活动，帮助大家做好抖音小店的营销推广。

3.1 使用优惠券促销

很多用户在购买商品时，都希望能够获得一些优惠。此时，商家便可以使用优惠券来进行促销，让用户觉得买得更划算。本节，笔者就为大家介绍抖音小店中常见优惠券的使用方法。

3.1.1 商品优惠券

商品优惠券是用户在购买商品时使用的一种电子券。虽然使用优惠券获得的优惠比较有限，但是只要有优惠券就能提升商品对用户的吸引力。具体来说，商家可以通过如下操作创建商品优惠券。

Step 01 进入抖店后台，单击"首页"页面上方菜单栏中的"营销中心"按钮，如图 3-1 所示。

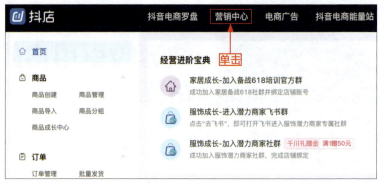

图 3-1

Step 02 执行操作后，在"抖店｜营销中心"页面中，❶依次单击"营销工具"按钮和"优惠券"按钮，进入"新建优惠券"页面；❷单击"商品优惠券"中的"立即新建"按钮，如图 3-2 所示。

Step 03 执行操作后，进入"新建商品优惠券"页面，如图 3-3 所示。根据要求在该页面中填写相关信息，单击页面下方的"提交"按钮。

Step 04 执行操作后，用户在相关商品的信息中便可以看到商品优惠券信息。图 3-4 所示为某直播购物车中的两款商品，可以看到这两款商品中就显示了满减优惠券的信息。

第 3 章 小店推广：快速吸引用户的目光

图 3-2

图 3-3

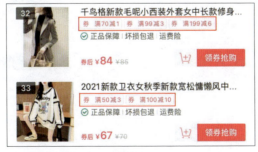

图 3-4

3.1.2 店铺粉丝券

店铺粉丝券是专门提供给店铺粉丝使用的一种优惠券。例如，当商家通过店铺的抖音号直播时，用户需要先关注店铺账号才能领取粉丝券，因此使用店铺优惠券能快速达到增加粉丝量和销量的目的。具体来说，商家可以通过如下步骤创建和发布店铺粉丝券。

Step 01 进入抖店后台的"新建优惠券"页面，单击"店铺粉丝券"中的"立即新建"按钮，如图 3-5 所示。

图 3-5

Step 02 执行操作后，进入"设置优惠券信息"页面，如图 3-6 所示。根据要求在该页面中填写相关信息，单击页面下方的"提交"按钮。

图 3-6

Step 03 用对应店铺账号开启抖音直播，点击直播界面下方的 图标，如图 3-7 所示。

第 3 章 小店推广：快速吸引用户的目光

Step 04 执行操作后，会弹出"直播商品"对话框，点击对话框中的"发券"按钮，如图 3-8 所示。

图 3-7　　　　　　　　图 3-8

Step 05 执行操作后，会弹出"优惠券"对话框，点击对话框中对应优惠券的"立即发券"按钮，如图 3-9 所示，即可将店铺粉丝券发布到直播间中。

图 3-9

3.1.3 达人粉丝券

达人粉丝券是指只有抖音号粉丝才能够领取和使用的一类优惠券。正是因为只有抖音号的粉丝才能领取和使用，所以只要达人粉丝券设置得好,就能快速达到引流增粉的目的。具体来说,商家可以通过如下步骤设置和发放达人粉丝券。

Step 01 进入抖店后台的"新建优惠券"页面,单击"达人粉丝券"中的"立即新建"按钮,如图 3-10 所示。

图 3-10

Step 02 执行操作后,进入"新建达人粉丝券"页面,如图 3-11 所示。根据要求在该页面中填写相关信息,单击页面下方的"提交"按钮。

图 3-11

Step 03 登录店铺抖音账号,按照 3.1.2 中步骤 03 至 05 的方法进行操作,操作完成后,即可完成达人粉丝券的发布。

3.1.4 店铺新人券

店铺新人券是提供给从未在店铺中购买过商品的用户使用的一种优惠券。这类优惠券的面值通常都不是很大，但是可以吸引用户下单购买商品，因为使用该优惠券可以让用户获得额外的优惠。具体来说，商家可以通过如下步骤创建或发布店铺新人券。

Step 01 进入抖店后台的"新建优惠券"页面，单击"店铺新人券"中的"立即新建"按钮，如图 3-12 所示。

图 3-12

Step 02 执行操作后，进入"新建店铺新人券"页面，如图 3-13 所示。根据要求在该页面中填写相关信息，并单击"提交"按钮，即可完成店铺新人券的创建。

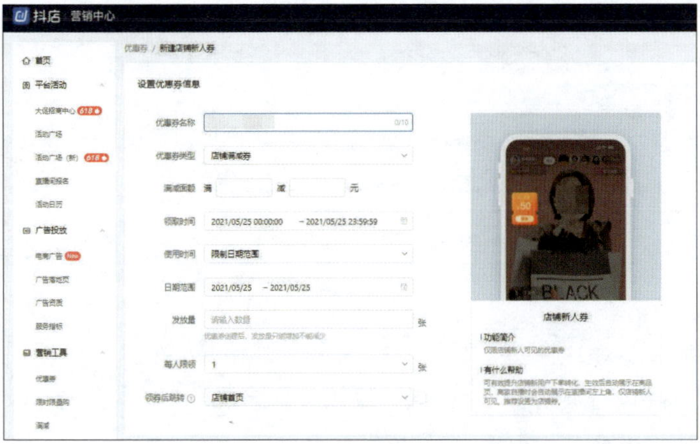

图 3-13

Step 03 执行操作后,商家即可在直播过程中向用户发送店铺新人券,而还未在该店铺中购买过商品的用户则可以领取该优惠券购买相关商品。

3.1.5 全店通用券

全店通用券就是购买店铺中任意商品都可以使用的一种优惠券。当然,因为这类优惠券是通用的,所以其使用的门槛会高一些,只有当单次购买的商品数额达到要求才可以使用该优惠券。

全店通用券的创建方法与商品优惠券大致相同,商家只需进入"新建优惠券"页面,单击"全店通用券"板块中的"立即新建"按钮,根据系统提示进行操作,便可以完成全店通用券的创建。

全店通用券创建成功之后,商家除了可以直接发放之外,还可以定向发送给某个用户或某些用户,具体操作如下。

Step 01 进入抖店后台,❶依次单击"营销工具"按钮和"优惠券"按钮,进入"优惠券"页面;❷切换至"管理优惠券"选项卡;❸单击对应全店通用券后方的"推广"按钮,如图 3-14 所示。

图 3-14

Step 02 执行操作后,会弹出"推广链接"对话框,如图 3-15 所示。商家可以单击对话框中的"复制"按钮,或单击"下载二维码"按钮,将全店通用券的二维码下载到手机中。

Step 03 执行操作后,商家只需在社交软件的聊天界面中粘贴链接,或发送下载的二维码即可。看到聊天信息的用户,只需点击链接或进行扫码,便可以直接领取对应的全店通用券。

图 3-15

3.2 借助营销工具做推广

除了各类优惠券之外,商家还可以通过抖音小店中的各种营销工具进行营销推广,获取更多用户的关注,甚至是吸引用户下单。本节,笔者就为大家介绍抖音小店中常见营销工具的使用方法。

3.2.1 限时限量购

限时限量购是指在规定时间内低价销售商品或低价为用户提供少量商品。因为此时商品是限时或限量销售的,所以用户为了低价购买到商品会抓紧时间下单,这也就达到了促进销售的目的。具体来说,商家可以通过如下步骤创建限时限量购活动。

Step 01 进入抖店的营销中心后台,❶单击导航栏"营销工具"板块中的"限时限量购"按钮,进入对应页面;❷单击"立即创建"按钮,如图 3-16 所示。

图 3-16

Step 02 执行操作后,进入创建限时限量购信息设置页面的"设置基础规则"板块,如图 3-17 所示,根据系统提示在该板块中填写相关信息。

图 3-17

Step 03 执行操作后,滑动页面至"选择商品"板块,❶单击该板块中的"添加商品"按钮;在弹出的"选择商品"窗口中,❷选中对应商品前方的复选框;❸单击下方的"选择"按钮,如图 3-18 所示。

Step 04 执行操作后,"选择商品"板块中会出现已添加商品的相关信息,单击页面下方的"提交"按钮,如图 3-19 所示。

Step 05 执行操作后,即可完成限时限量购活动的创建。

第 3 章 小店推广：快速吸引用户的目光

图 3-18

图 3-19

3.2.2 满减活动

满减活动是通过设置购买金额或数量进行促销的一种营销方法，当用户的单次购买金额或数量达到要求之后，便可以获得一定的优惠，因此参与满减活动的商品往往更能吸引用户下单。具体来说，商家可以通过如下操作创建满减活动。

Step 01 进入抖店的营销中心后台，❶单击导航栏"营销工具"板块中的"满减"按钮，进入"满减"页面；❷单击"立即新建"按钮，如图 3-20 所示。

抖音电商从入门到精通：抖店运营 + 橱窗推广 + 购物车转化

图 3-20

Step 02 执行操作后，进入"创建活动"页面。商家可以在该页面中根据活动类型（包括满 N 元优惠和满 N 件优惠），对满减活动的相关信息进行设置。图 3-21 所示为"满 N 件优惠"板块的部分信息。

图 3-21

Step 03 商家只需在对应板块中填写相关信息，并单击页面下方的"提交"按钮，即可完成满减活动的创建。

3.2.3 定时开售

定时开售就是将商品设置为固定时间开始出售，使用定时开售工具可以引起用户的好奇心，达到为商品造势的目的。具体来说，商家可以通过如下步骤将商品设置为定时开售。

第3章 小店推广：快速吸引用户的目光

Step 01 进入抖店的营销中心后台，❶单击导航栏"营销工具"板块中的"定时开售"按钮，进入"定时开售"页面；❷单击"添加商品"按钮，如图3-22所示。

图 3-22

Step 02 执行操作后，会弹出"添加商品"对话框。商家选中对话框中对应商品前方的复选框，并单击"提交"按钮，即可将商品设置为定时开售。

3.2.4 拼团活动

拼团活动就是多人一起购买便可以享受优惠的一种活动。拼团活动可以激发用户的购买欲，能在短期内有效提升商品的销量。具体来说，商家可以通过如下步骤设置拼团活动。

Step 01 进入抖店的营销中心后台，❶单击导航栏"营销工具"板块中的"拼团"按钮，进入"拼团"页面；❷单击"立即创建"按钮，如图3-23所示。

图 3-23

Step 02 执行操作后，进入"创建活动"页面的"设置基础规则"板块，如图 3-24 所示。商家需要根据页面提示，填写相关信息。

图 3-24

Step 03 执行操作后，滑动页面至"选择商品"板块，❶单击该板块中的"添加商品"按钮；在弹出的"添加商品"窗口中，❷选中对应商品前方的复选框；❸单击下方的"选择"按钮，如图 3-25 所示。

图 3-25

Step 04 执行操作后，返回"拼团"页面，选中"配置范围"中 SKU（stock keeping unit 的缩写，译为：库存量单位）前方的单选按钮，

第 3 章 小店推广：快速吸引用户的目光

进入 SKU 选项卡，商家可以在该选项卡中设置拼团商品的拼团价、活动库存和每人限购等信息，如图 3-26 所示。设置完成后，单击页面下方的"提交"按钮，即可完成拼团活动的创建。

图 3-26

3.2.5 定金预售

定金预售是指买家只需预付一部分定金便可预定商品，在约定时间内支付尾款即可完成下单。通过定金预售，商家可以在商品正式开售之前，就获得一批订单。具体来说，商家可以通过如下操作设置定金预售活动。

Step 01 进入抖店的营销中心后台，❶单击导航栏"营销工具"板块中的"定金预售"按钮，进入"定金预售"页面；❷单击"立即创建"按钮，如图 3-27 所示。

图 3-27

Step 02 执行操作后,进入"创建活动"页面的"基础规则"板块,如图3-28所示。根据页面提示,填写该板块中的信息。

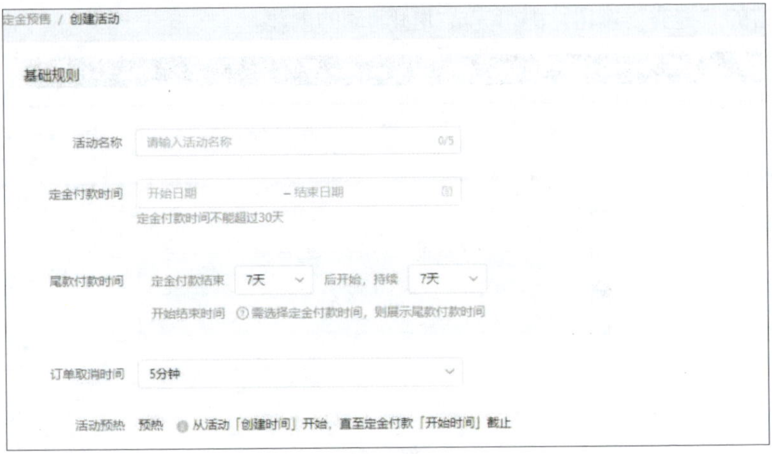

图 3-28

Step 03 执行操作后,滑动页面至"选择商品"板块,❶单击板块中的"添加商品"按钮;在弹出的"选择商品"窗口中,❷选中对应商品前方的复选框;❸单击下方的"选择"按钮,如图 3-29 所示。

图 3-29

Step 04 执行操作后,返回"创建活动"页面,此时页面中会出现已选择的商品的相关信息。图 3-30 所示为已选商品的 SKU 选项卡。商家只需对该选项卡中的信息进行设置,并单击页面下方的"提交"按钮,即可完成定金预售活动的设置。

图 3-30

3.2.6 拍卖活动

拍卖活动，即专门进行商品拍卖（出价高者得）的活动。如果商家销售的是一些价值高的商品，或者是孤品，那么便可以通过拍卖活动进行销售，从而提高商品的成交价。具体来说，商家可以通过如下方法创建并设置拍卖活动。

Step 01 进入抖店的营销中心后台，❶单击导航栏"营销工具"板块中的"拍卖"按钮，进入"拍卖"页面；❷单击"立即创建"按钮，如图 3-31 所示。

图 3-31

Step 02 执行操作后，进入"创建活动"页面的"基础规则"板块，如图3-32所示，根据提示在该板块中填写相关信息。

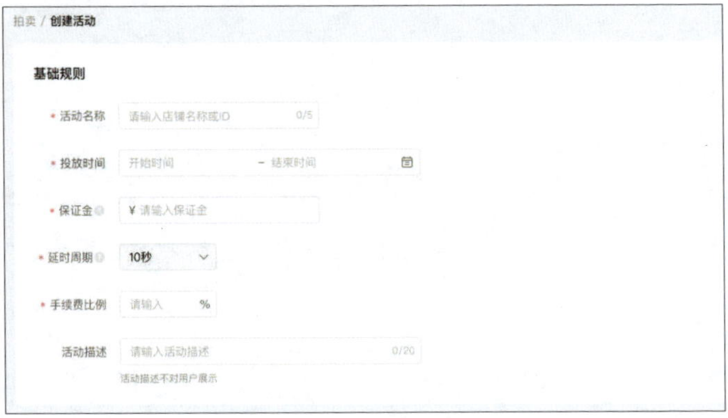

图 3-32

Step 03 执行操作后，滑动页面至"选择商品"板块，❶单击板块中的"添加商品"按钮，会弹出一个窗口；❷选中窗口中需要添加的商品；❸单击下方的"选择"按钮，如图 3-33 所示。

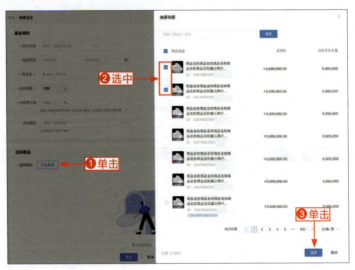

图 3-33

Step 04 执行操作后，即可将商品设置成拍卖商品。此时，商家只需在抖音直播中添加这些商品，便可以将商品进行拍卖。

3.2.7 裂变营销

裂变营销是用来增加直播互动的一种新玩法,可以刺激用户分享直播间,为直播间带来更多流量。下面,笔者就来介绍裂变营销的设置方法。

Step 01 进入抖店的营销中心后台,❶单击导航栏"营销工具"板块中的"裂变营销"按钮,进入"裂变营销"页面;❷单击"立即创建"按钮,如图 3-34 所示。

图 3-34

Step 02 执行操作后,进入"创建活动"页面的"设置基础规则"板块,如图 3-35 所示,根据系统提示在该板块中填写相关信息。

图 3-35

Step 03 执行操作后,滑动页面至"选择合作达人"板块,如图 3-36 所示,在该板块中设置授权作者和达人账号。

图 3-36

Step 04 执行操作后,滑动页面至"设置优惠信息"板块,如图 3-37 所示,在该板块中设置分享者优惠和被分享者优惠的相关信息,并单击页面下方的"提交"按钮,便可完成裂变营销的设置。

图 3-37

3.3 借助广告活动做推广

除了营销工具之外，商家还可以借助广告和相关活动来推广抖音小店，增加店铺和商品的曝光量，让更多用户购买店铺中的商品。本节，笔者就为大家介绍借助广告和相关活动推广抖音小店和小店商品的方法。

3.3.1 利用巨量千川投放广告

巨量千川是一个电商一体化营销平台，商家可以通过如下操作在该平台设置直播和短视频带货的相关信息，进行广告投放。

Step 01 进入巨量千川平台，❶单击"推广"按钮，进入"推广"页面；❷在该页面中选择营销目标和推广方式；❸单击"新建计划"按钮，如图 3-38 所示。

图 3-38

Step 02 执行操作后，进入商品选择页面，单击页面中的"点击添加商品"按钮，如图 3-39 所示，根据提示选择商品。

Step 03 执行操作后，进入创建计划页面，依次在"投放设置""定向人群"和"请为商品添加创意"板块中对相关信息进行设置，并支付对应的费用。图 3-40 所示为"投放设置"板块的相关信息。

图 3-39

图 3-40

Step 04 执行操作后,即可在巨量千川平台中完成广告投放。

3.3.2 参加抖店后台的相关活动

抖店营销中心后台中的"活动广场"页面会展示一些平台活动,商家可以积极参加这些活动,提高抖店和商品的曝光量。下面,笔者就来介绍参加抖店后台活动的操作方法。

Step 01 进入抖店的营销中心后台,❶单击导航栏"平台活动"板块中的"活动广场"按钮,进入"活动广场"页面的"全部活动"选项卡;

❷单击该选项卡中某个活动后方的"查看活动"按钮,如图 3-41 所示。

图 3-41

Step 02 执行操作后,进入对应活动的报名通道页面,单击页面中的"商品报名"按钮,如图 3-42 所示。

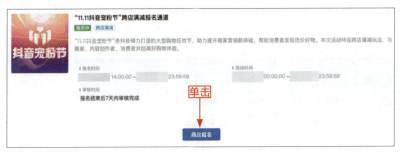

图 3-42

Step 03 执行操作后,进入对应活动的"商品报名"页面,单击页面中相关商品后方的"报名"按钮,如图 3-43 所示。

图 3-43

Step 04 执行操作后,进入活动的商品信息设置页面,如图 3-44 所示。商家需要选中商品前方的复选框、编辑 SKU 信息,并单击"提交"按钮。

图 3-44

Step 05 执行操作后,即可提交商品报名申请。申请通过之后,相关商品即可参加对应的平台活动。

3.3.3 参加巨量百应平台的活动

除了抖店后台的活动之外,商家还可以参加巨量百应平台的直播间活动。下面,笔者就介绍参加直播间活动的操作步骤。

Step 01 进入巨量百应平台的"首页"页面,单击页面导航栏中的"平台活动"按钮,如图 3-45 所示。

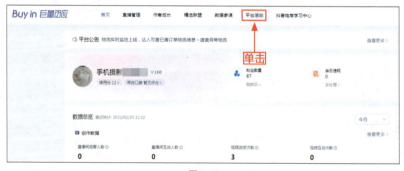

图 3-45

第 3 章 小店推广：快速吸引用户的目光

Step 02 执行操作后，进入"直播间报名"页面的"全部活动"选项卡，单击该选项卡中对应活动后方的"立即报名"按钮，如图 3-46 所示。

图 3-46

Step 03 执行操作后，进入"活动详情"页面，单击"活动报名"板块中的"立即报名"按钮，如图 3-47 所示。

图 3-47

Step 04 执行操作后，会弹出"报名信息"对话框，如图 3-48 所示。商家只需在该对话框中填写相关信息，选中"我已阅读并同意《银行卡支付营销直播推广合作协议》"前方的复选框，并单击下方的"提交"

按钮,即可申请参与直播间活动。申请通过之后,即可参与对应的直播间活动。

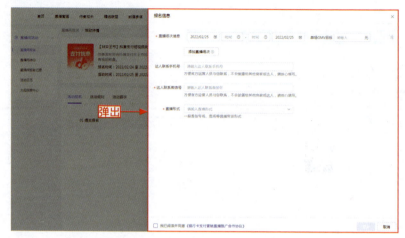

图 3-48

Chapter 04

第4章
抖音盒子：商品推广的绝佳渠道

对于通过带货获得佣金收益的运营者来说，抖音盒子是推广商品、提升收益的一个绝佳平台。运营者可以通过在该平台上发布内容来增加带货商品的曝光率和销量，从而有效地提升佣金收益。

4.1 快速了解抖音盒子

有的人可能连"抖音盒子"这个词都没有听说过,也就更不用说对抖音盒子有所了解了。对运营者来说,了解并运用好抖音盒子是很有必要的,因为运营者可以通过在抖音盒子 App 上发布带货内容来增加商品的曝光量,从而提升收益。本节,笔者就为大家讲解抖音盒子的一些基础知识,让大家从零开始快速了解抖音盒子。

4.1.1 什么是抖音盒子

什么是抖音盒子?抖音盒子是由字节跳动公司推出的一款独立电商 App,其 slogan(口号)为"开启潮流生活",背靠抖音的强大流量,有望成为下一个短视频+直播带货风口。

抖音的电商布局之路由来已久,从 2018 年 8 月上线的抖音小店(购物车),到 2021 年年底推出的抖音盒子,抖音的"电商梦"已经沉淀了 3 年多的时间,如今终于开始步入正轨。抖音盒子的出现,表明抖音已经开启了一条全新的商业化道路。

抖音盒子的定位是"潮流时尚电商平台",在其应用描述中,软件介绍内容为:"围绕风格、时尚、购物,从街头文化到高端时装,从穿搭技巧到彩妆护肤,和千万潮流玩家一起,捕捉全球流行趋势,开启潮流生活。"

从抖音盒子的应用介绍中可以看到,"潮流""风格""时尚""流行"等字眼被不断提及,可见其重点用户人群是一、二线城市中的年轻人群体,这一点与抖音当初的产品定位是吻合的。

2020 年 10 月 9 日,抖音关闭了抖音直播间的所有电商外链,像淘宝、京东等其他第三方平台中的商品将无法再分享到直播间购物车中,同时全品类商品都需要通过巨量星图发送任务单才能上架购物车。

从 2022 年开始,抖音正在加码完善物流配送,在与各大快递公司展开合作的同时,还将推出自己的快递服务"音尊达",来降低物流原因导致的品退率，提升用户复购率。抖音的这些操作都是在为自己的独立电商 App——抖音盒子铺路，至于结果如何，就让大家拭目以待吧。

4.1.2 入驻抖音盒子平台

运营者只需登录抖音盒子 App，便可以直接完成抖音盒子平台的入驻。而且如果运营者的抖音号开通了电商功能，还可以通过抖音号入驻抖音盒子平台，并在该平台上发布带货内容。具体来说，运营者可以通过如下操作登录抖音盒子 App。

Step 01 打开抖音盒子 App，进入"推荐"界面，点击界面中的"我的"按钮，如图 4-1 所示。

Step 02 执行操作后，进入"欢迎登录"界面。❶运营者可以选中"已阅读并同意'用户协议'和'隐私政策'"前方的复选框；❷点击"使用上述抖音账号一键登录"按钮，如图 4-2 所示，用默认抖音号登录抖音盒子 App。

图 4-1

图 4-2

Step 03 执行操作后，即可使用默认抖音号登录抖音盒子 App，并自动进入"我的"界面，如图 4-3 所示。

除了使用默认抖音号登录之外，运营者还可以使用其他账号登录抖音盒子 App。具体来说，运营者可以点击"欢迎登录"界面（见图 4-2）中的"登录其他账号"按钮。执行操作后，运营者即可在跳转的"欢迎登录"界面中使用抖音号的认证手机号或者其他手机号登录抖音盒子 App，如图 4-4 所示。

图 4-3

图 4-4

> **特别提醒**　对于已注册了抖音号，抖音号已经开通电商功能，并支付了保证金的运营者来说，使用抖音号直接登录抖音盒子 App，比重新注册并进行登录要好得多。因为使用抖音号登录，便可以直接在抖音盒子 App 中进行带货。而新注册的账号，要完成注册工作，并开通电商带货功能（包括支付保证金），才能进行带货，这无疑是比较麻烦的。

4.1.3　抖音盒子的界面介绍

抖音盒子 App 的产品功能设计与抖音比较类似，打开该 App 即可直接进入"首页"中的"推荐"界面，显示视频和直播信息流，同时下方设置了"首页""订阅""购物车""我的"共4个一级入口。

"首页"是抖音盒子App中产品优先级最靠前的界面，其中包括"逛街""推荐""搜索潮流好物""拍摄视频分享""消息"五大功能。下面，笔者就来介绍抖音盒子的基本界面，帮助大家快速认识抖音盒子。

1. "首页"界面

（1）"推荐"界面

打开抖音盒子App后，出现的第一个界面便是"推荐"，该界面采用短视频和直播信息流的逛街模式，为消费者打造更加沉浸式的购物场景，如图4-5所示。

图4-5

虽然抖音盒子App的短视频中并没有像抖音App一样置入"小黄车"功能，但是加入了"搜索视频同款"功能，运营者可以借助该功能进行短视频带货，而用户则可以购买短视频中的同款商品。

具体来说，如果运营者的短视频中关联了商品，那么短视频中会出现"搜索视频同款宝贝"按钮,用户只需点击该按钮,如图 4-6 所示,便可在弹出的"视频中识别到的宝贝"对话框中查看商品的相关信息,如图 4-7 所示。有需要的用户还可以将该对话框中的商品添加至购物车中,甚至是直接购买商品。

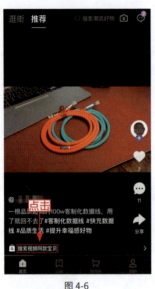

图 4-6

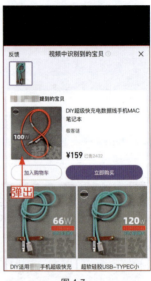

图 4-7

当然,对于直播信息流来说,用户可以直接点击屏幕进入直播间界面。用户在该界面中可以看到购物车图标,有需要的用户可以点击该图标选购商品。

(2)"逛街"界面

在抖音盒子的"首页"界面中,另一个重要板块便是"逛街"界面,该界面包括"硬核补贴""时尚潮服""美妆热榜""二手高奢"4个类目,如图 4-8 所示。点击相应的类目名称即可进入该类目详情界面,查看更多的相关产品,如图 4-9 所示。

目前,入驻抖音盒子的商家大部分为品牌旗舰店铺,在"逛街"界面中点击相应的商品,即可进入商品详情页,如图 4-10 所示,用户可以在此将商品添加至购物车或直接下单购买。点击"立即购买"按钮,

第 4 章 抖音盒子：商品推广的绝佳渠道

选择需要购买的商品样式后，进入"确认订单"界面，即可下单支付，如图 4-11 所示。

图 4-8

图 4-9

图 4-10

图 4-11

抖音推出抖音盒子这个独立电商 App，主要是为了照顾那些正常刷短视频的用户的体验感受，避免看到抖音这个内容平台上大量的商业内容。抖音盒子上聚集了大量的明星、博主和时尚达人，可为用户提供个性化的时尚穿搭方案，同时带给用户轻松愉悦的一站式购物体验。

2. "订阅"界面

抖音盒子的定位非常明确，那就是一个针对年轻人的潮流平台，不仅提供了商品，而且围绕商品生产了大量的视频"种草"内容，同时增强了社交属性、弱化了交易属性。

用户在抖音盒子上看到喜欢的抖音盒子账号之后，可以点击账号头像，进入其"视频"界面，点击界面上方的"＋订阅"按钮，如图4-12所示。执行操作后，会显示"已订阅"该账号，如图4-13所示。

图 4-12

图 4-13

订阅账号之后，用户只需点击"推荐"界面中的"订阅"按钮，如图4-14所示。执行操作后，即可进入"订阅"界面，查看已订阅账号发布的内容，如图4-15所示。

第 4 章 抖音盒子：商品推广的绝佳渠道

图 4-14

图 4-15

不过，"订阅"界面中的社交互动功能比较简单，目前只有点赞（点击"喜欢"按钮）、写评论和分享功能。如果该界面的短视频中有关联商品，用户需要点击短视频画面所在的位置，如图 4-16 所示。执行操作后，进入短视频播放界面，如图 4-17 所示。此时，只需点击短视频中的"搜索视频同款宝贝"按钮，则可以查看并购买短视频的关联商品。

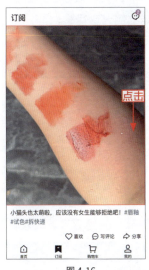

图 4-16

图 4-17

从抖音盒子的社交属性和交易属性上可以看到，抖音盒子不同于纯粹的娱乐型短视频App或者购物App，它是通过将转化路径延长来获得首批忠实用户，这批忠实用户通常是拥有优质的原创内容和很高的创作积极性的时尚达人。

3. "购物车"界面

抖音盒子的交易功能全部都挪到了直播间和货架电商界面，这样做的目的是让用户将心智集中在与商品有关的视频内容上。抖音盒子目前主要有以下3个下单转化渠道。

"推荐"界面：在包含各种"种草"内容的短视频信息流中，穿插带货直播间，用户在刷视频时可以直接进入喜欢的直播间下单。

"订阅"界面：关注相应博主，然后直接在"订阅"界面进入店铺。

"逛街"界面：在浏览商品的同时添加购物车或直接下单。

另外，在抖音盒子中还可以通过"购物车"界面下单，前提是用户先要加购某商品。用户在浏览商品时，看到感兴趣的商品后，可以点击商品详情页面中的"加入购物车"按钮，如图4-18所示。执行操作后，会弹出商品选购对话框，❶选择商品的购买信息；❷点击"确定"按钮，如图4-19所示，即可将对应商品加入购物车。

图 4-18

图 4-19

第4章 抖音盒子：商品推广的绝佳渠道

将商品加入购物车之后，用户只需点击"推荐"界面中的"购物车"按钮，即可进入"购物车"界面，查看已加入购物车的商品。

> **特别提醒** 抖音盒子的购物车功能与其他电商App的购物车功能大同小异，不仅可以存储用户精挑细选的商品，而且可以非常方便地将多个商品组合起来做促销，甚至还能够帮助抖音盒子平台节省物流成本。

4．"我的"界面

在抖音盒子App中，推荐入口的重要性大于搜索入口，而且所有短视频、图文和直播内容都是围绕"卖货"来展开的，同时在"我的"界面中集成了全部的电商基础功能。用户可以点击界面中的对应按钮，查看账号的相关信息。例如，点击"我的"界面中的"我的钱包"按钮，如图4-20所示。执行操作后，即可进入"钱包"界面，查看账号资金方面的信息，如图4-21所示。

图 4-20

图 4-21

不过，抖音盒子与抖音这两个App的部分个人数据并没有完全打通，如粉丝、点赞和评论等是区隔开的，但运营者的购物数据、视频内容和直播间是相通的。

4.2 通过抖音盒子推广商品

运营者入驻抖音盒子平台之后，可以通过抖音盒子 App 发布内容对商品进行推广，从而增加商品的曝光量，获得更多带货收益。本节，笔者就为大家讲解通过抖音盒子推广商品的相关技巧。

4.2.1 通过短视频推广商品

运营者可以在发布短视频时添加关联商品，这样便可以通过短视频对相关商品进行推广。具体来说，运营者可以通过如下操作发布添加关联商品的短视频，增加相关商品的曝光量。

Step 01 进入抖音 App 的"抖音电商精选联盟"界面，点击界面中要推广的商品（或通过该界面搜索要推广的商品），进入商品详情界面，点击界面中的 图标，如图 4-22 所示。

Step 02 执行操作后，点击弹出的"私信给朋友"对话框中的"复制链接"按钮，如图 4-23 所示，复制链接备用。

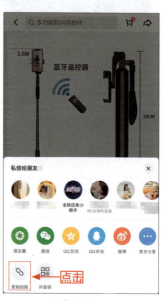

图 4-22　　　　　　　　图 4-23

第 4 章 抖音盒子：商品推广的绝佳渠道

Step 03 执行操作后，会显示"内容已复制"，如图 4-24 所示。此时，运营者只需要将复制的链接添加至抖音盒子短视频中即可对商品进行推广。

Step 04 进入抖音盒子 App 的"我的"界面，点击界面上方的 图标，如图 4-25 所示。

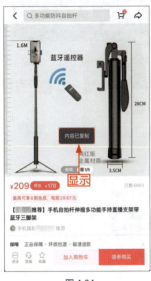

图 4-24

图 4-25

Step 05 执行操作后，进入"分段拍"界面。运营者可以选择通过拍摄视频或上传相册中的视频来发布短视频，以上传相册中的视频为例，运营者可以点击界面下方的"相册"按钮，如图 4-26 所示。

Step 06 执行操作后，❶在弹出的"所有照片"对话框中选择要上传的视频；❷点击"下一步"按钮，如图 4-27 所示。

Step 07 执行操作后，进入短视频预览界面，点击界面中的"下一步"按钮，如图 4-28 所示。

Step 08 执行操作后，进入"发布"界面，❶在界面中输入短视频标题；❷点击"关联宝贝"后方的"一起赚佣金"按钮，如图 4-29 所示。

图 4-26　　　　　　　图 4-27

图 4-28　　　　　　　图 4-29

Step 09 执行操作后，进入"关联宝贝"界面，❶在界面搜索框中粘贴复制的商品链接；❷点击"查找"按钮，如图 4-30 所示。

Step 10 执行操作后，会出现商品的相关信息，点击商品信息中的"关联"按钮，如图 4-31 所示。

第 4 章 抖音盒子：商品推广的绝佳渠道

图 4-30

图 4-31

Step 11 执行操作后，发布界面中会显示关联商品的推广信息，点击界面下方的"发布"按钮，如图 4-32 所示。

Step 12 执行操作后，即可发布带有"搜索视频同款宝贝"按钮的商品推广短视频，如图 4-33 所示。

图 4-32

图 4-33

> **特别提醒** 关联商品时,"发布"界面中会默认显示商品原有的标题,如果要调整商品标题,可以点击图 4-32 中的"修改"按钮,对商品标题进行调整。

4.2.2 通过开直播推广商品

除了发布短视频推广商品之外,运营者还可以通过开直播推广商品。具体来说,运营者可以通过如下操作将商品添加至直播购物车中,利用直播来推广商品。

Step 01 进入抖音盒子 App 的"分段拍"界面,点击界面中的"开直播"按钮,如图 4-34 所示。

Step 02 执行操作后,会弹出"提示"对话框,点击对话框中的"立即授权"按钮,如图 4-35 所示,将直播间同步至抖音盒子。

图 4-34

图 4-35

Step 03 执行操作后,在弹出的"授权同步你的抖音作品及电商直播间"对话框中点击"同意授权"按钮,如图 4-36 所示。

Step 04 执行操作后,进入"开直播"界面,点击界面中的"开播前请完成商品添加"按钮,如图 4-37 所示。

图 4-36

图 4-37

Step 05 执行操作后,进入"添加商品"界面,点击界面中对应商品后方的"添加"按钮,如图 4-38 所示。

Step 06 执行操作后,如果显示"商品已添加到购物袋",如图 4-39 所示,就说明商品添加成功了。

图 4-38

图 4-39

Step 07 执行操作后,返回"开直播"界面,界面中会显示已添加商品的数量。商品添加完成后,点击界面下方的"开始视频直播"按钮,如图 4-40 所示。

Step 08 执行操作后,进入直播倒计时界面,如图 4-41 所示。

图 4-40　　　　　　图 4-41

Step 09 倒计时结束后,即可进入直播界面,开启抖音盒子直播。此时,直播界面的下方会出现 图标,用户只需点击该图标,即可在弹出的"直播商品"对话框中查看该直播推广和销售的商品,如图 4-42 所示。

图 4-42

4.2.3 通过爆款内容引爆商品

很多人在抖音盒子上拍视频时，不知道该拍什么内容，不知道哪些内容容易上热门。下面，笔者就给大家分享一些常见的爆款内容形式，即便你只是一个普通人，只要你的内容戳中了"要点"，也可以让你快速蹿红，引爆商品。

1. 一见钟情

在抖音盒子平台上，用户给短视频点赞的很大一部分原因，是他们被运营者的"颜值"迷住了。比起其他的内容形式，好看的外表确实很容易获得用户的好感。

但是，笔者说的"一见钟情"并不单单指运营者的"颜值"高或身材好，还包括通过一定的装扮和肢体动作，在视频中表现出"充分入戏"的镜头感。所以，"一见钟情"是"颜值＋身材＋表现力＋亲和力"的综合体现。对此，运营者在制作带货短视频时，可以增强出镜人物的镜头感，让看到短视频的用户对其中的人物或内容"一见钟情"。

2. 乐开了花

打开抖音 App，随便刷几个短视频，其中就有搞笑类的视频。这是因为抖音是人们在闲暇时用来放松或消遣的一种娱乐方式，因此平台也非常喜欢这种搞笑类的视频内容，更愿意将这些内容推送给用户，增加用户对平台的好感，同时让平台变得更为活跃。

因此，运营者要了解平台的喜爱，做平台喜欢的内容。虽然抖音盒子的内容以带货为主，但运营者仍然可以在其中添加搞笑元素，增加内容的吸引力，让用户看到视频后便乐开了花，忍不住要给你点赞。运营者在拍摄搞笑类视频时，可以从以下几个方面入手来创作内容。

（1）剧情搞笑

运营者可以通过自行招募演员、策划剧本，来拍摄具有搞笑风格的视频作品。这类视频中的人物造型和动作通常都比较夸张，同时语言幽默搞笑，感染力非常强。

(2）创意剪辑

通过截取一些搞笑的短片镜头画面，嵌入带货视频的转场处，并配上字幕和背景音乐，制作成创意搞笑的视频。

(3）犀利吐槽

对于语言表达能力比较强的运营者来说，可以直接真人出镜上演脱口秀节目，吐槽一些接地气的热门话题或者讲述各种趣事，配以较为夸张的造型、神态和动作，来给用户留下深刻印象，从而提升带货的效果。

3．治愈心灵

与"颜值"类似的"萌值"，如萌宝、萌宠等类型的内容，同样具有让人难以抗拒的强大吸引力，能够让用户瞬间觉得心灵被治愈了。

短视频中那些憨态可掬的萌宝、萌宠具备强治愈力，不仅可以快速火起来，还可以获得用户的持续关注。萌往往和"可爱"这个词对应，所以许多用户在看到萌的事物时，都会忍不住想要多看几眼。对此，运营者可以借助萌宝和萌宠来打造带货短视频，提高视频对用户的吸引力。

（1）萌宝

萌宝是深受用户喜爱的一个群体。萌宝本身看着就很可爱了，而且他们的一些行为举动也会让人觉得非常有趣。所以，与萌宝相关的视频能很容易吸引许多用户的目光。运营者可以先通过拍摄萌宝的日常积累粉丝，然后再通过推广与萌宝相关的商品进行带货。

（2）萌宠

萌不是人类的专有形容词，小猫、小狗等宠物也是很萌的。许多人之所以养宠物，就是因为觉得萌宠特别惹人怜爱。如果能把宠物在日常生活中惹人怜爱、憨态可掬的一面通过视频展现出来，也能轻松吸引用户的目光。

也正是因为如此，抖音上兴起了一大批"网红"萌宠。对于抖音盒子的运营者来说，这种"萌值"的内容非常值得借鉴。但是，要做成一个出色的萌宠类账号，提升账号的带货能力，还得重点掌握一些内容策划的技巧，具体如下。

① 让萌宠人性化。比如，可以从萌宠的日常生活中，找到它的"性格特征"，并通过剧情的设计，对萌宠的"性格特征"进行展示和强化。

② 让萌宠拥有特长。比如，可以通过不同的配乐，展示宠物的舞姿，把宠物打造成"舞王"。

③ 配合宠物演戏。比如，可以拍一个萌宠的日常视频，然后通过后期配音，让萌宠和主人"说话"。

4．情感共鸣

情感共鸣类视频内容主要是通过渲染情感氛围来引起用户的共鸣。这类内容的引流和推广效果特别好，通过犀利的文案内容来引起用户的心灵共鸣，甚至认同运营者的价值观，购买运营者推荐的商品。运营者也可以采用一些更专业的玩法，比如拍摄情感类的剧情故事，这样会更具有感染力。

4.2.4 通过优化技巧提升推广效果

众所周知，抖音是一个流量极大的平台，而抖音盒子是可以和抖音共享流量的，运营者可以将抖音盒子的视频同步到抖音，获取极大的推荐量。有相关的数据测试显示，用户一个小时持续不断地刷视频，大约能够看完 300 个视频。但在这一个小时内，新发布的视频远不止 300 个。

因此，在用户非主动搜索的情况下，运营者如何才能提升内容的热度，让自己的作品获得更多的推荐量？想要让自己的视频被更多用户看到，需要运营者从账号、内容和发布这 3 个方面去做优化。

1．账号优化技巧

抖音盒子平台有双重审核机制，如果运营者的账号被算法系统判定为营销号，则会直接被限流或封号。即使运营者新注册的账号没有打过广告，如果前期没有任何操作，平台无法知晓账号的所属领域，也就无法给账号打标签，那么算法系统同样也不会给太多的推荐。

因此，运营者在新注册抖音盒子账号后，要把"养号"放在第一位，首先要完善账号信息，然后要模拟正常用户的操作行为，如点击、订阅、加购、搜索和分享。经过3～7天的"养号"操作后，即可开始发布视频，并坚持每天更新视频，保持账号活跃度。

只有运营者更新的内容优质且不违规，才更容易让系统检测出你的账号属于优质的活跃账号，账号权重自然比较高。下面介绍一些提升账号权重的优化技巧，让大家的带货短视频可以获得更多的流量。

（1）完善账号信息

账号信息能够体现强烈的个人风格，有助于打造自己的"人设"。如账号名字简洁易懂，与账号定位相符合；个人简介能够描述账号定位，同时可以引导用户关注。

（2）进行官方认证

抖音盒子平台目前没有认证机制，如果运营者是使用抖音号入驻的抖音盒子平台，可以前往抖音平台进行相关认证。那么，运营者要如何完成抖音官方认证呢？下面，笔者就来讲解具体的操作步骤。

Step 01 进入抖音App的个人主页界面，❶点击界面右上方的 ☰ 图标；❷在弹出的列表框中选择"创作者服务中心"选项，如图4-43所示。

Step 02 执行操作后，进入创作者服务中心界面，点击界面中的"全部分类"按钮，如图4-44所示。

Step 03 执行操作后，进入"功能列表"界面，点击"进阶服务"板块中的"官方认证"按钮，如图4-45所示。

Step 04 执行操作后，进入"抖音官方认证"界面，选择要认证内容所在的选项，如"兴趣认证"选项，如图4-46所示。

Step 05 执行操作后，进入"兴趣认证"界面，如图4-47所示。选择认证领域，如果达到了认证条件，运营者可以选中"我已阅读并同意《抖音认证协议》"前方的复选框，点击界面下方的"下一步"按钮，进行抖音官方的兴趣认证。

第 4 章 抖音盒子：商品推广的绝佳渠道

图 4-43

图 4-44

图 4-45

图 4-46

图 4-47

（3）提升数据指标

内容发布并通过审核后会进入冷启动推荐环节，此时完播率、点赞量、评论量和转发量等关键指标数据就非常重要了，是平台评判内容优劣度的依据。因此，运营者需要利用自己的所有资源去提升这些指标数据，让视频获得更多推荐。

2. 内容优化技巧

如何让新用户在看完视频内容后愿意点赞或关注呢？要实现这一点，需要运营者在内容中为用户提供足够的理由，也就是说用户为什么要关注你，用户从你这里可以得到什么。运营者也可以自检，看看自己的内容可以为用户提供哪些价值。下面介绍相关的内容优化技巧。

（1）原创内容

抖音盒子平台是明令禁止抄袭的，因此运营者要尽量去开发属于自己的优质内容。例如，某个用户正好需要买车，那么关于鉴别车辆好坏的视频就成为他关注的内容了；再如，某人不会穿衣打扮，那么他就会特别关注穿搭类的内容。所以，这些用户关注的内容同样也是运营者应该把握的原创方向。运营者可以任意选择一个领域，然后做这个领域的人群会关注的内容。

（2）蹭热门音乐

运营者可以根据自己的视频风格和主题方向，选择好的背景音乐，让视频长上"翅膀"！抖音盒子平台和抖音平台的内容是互通的，运营者可以查看抖音 App 中的音乐排行榜，并将其中受用户欢迎的音乐作为短视频的背景音乐。具体来说，运营者可以通过如下操作查看抖音 App 中的"音乐榜"排行情况。

Step 01 进入抖音 App 的搜索界面，切换至"音乐榜"选项卡，如图 4-48 所示。

Step 02 执行操作后，滑动页面，点击"音乐榜"第 50 位下方的"查看完整音乐榜"按钮，如图 4-49 所示。

Step 03 执行操作后，即可进入"抖音音乐榜"的"热歌榜"选项卡，查看抖音平台歌曲热度的排行情况，如图 4-50 所示。

Step 04 除了"热歌榜"之外，运营者还可以切换至"飙升榜"选项卡，查看近期热度快速上升的歌曲，如图 4-51 所示。

第 4 章 抖音盒子：商品推广的绝佳渠道

图 4-48

图 4-49

图 4-50

图 4-51

（3）控制视频时长

前期的视频时长可以保持在 7～15 秒，保证一定的完播率。运营者在创作视频内容时，虽然只有 15 秒，也一定要保证视频时长和内

109

容完整度，视频短于 7 秒是很难被推荐的。只有足够的视频时长，才能保证视频的基本可看性，完整的内容演绎才有机会被推荐。如果运营者的内容未播放完整就结束了，那么用户的体验感会很差。

（4）添加热门话题

话题有很好的引导用户和引爆流量的效果，而且能让广大用户参与视频互动，提高用户黏性和活跃度。参与抖音话题的主要方式有 3 种，如图 4-52 所示。

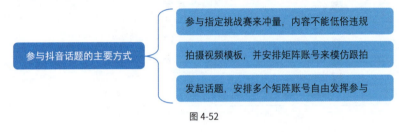

图 4-52

（5）画面清晰

拍摄视频时要注意不能抖动设备，否则画面会变模糊，影响用户的观看体验。建议运营者购买一个稳定器或三脚架，保证拍摄时设备的稳定性。另外，运营者还可以买一个补光灯，让视频画面更加明亮、简洁。

（6）把握"黄金 3 秒"

抖音盒子首页"推荐"界面中的内容，更新速度非常快，用户也许只会用 3 秒来判断是否要继续看下去，因此视频的开头不能拖泥带水，要快速切入正题。一旦视频的开头过于拖沓，则大部分用户就会刷掉这个视频，如果视频被用户多次刷掉，那么这个视频就很难再获得推荐了。

（7）持续维护内容

抖音盒子的推荐算法具有"时间效应"，有可能会带火一些优质的老视频，因此运营者也要坚持维护那些暂时没有火起来的优质内容，也许过段时间便会得到平台的流量扶持。

3. 发布优化技巧

在抖音盒子平台上发布内容时,笔者建议大家一周至少更新 2 个,然后进行精细化运营,保持视频的活跃度,让每一个视频都尽可能上热门。下面介绍内容的发布优化技巧,包括发布时间、发布地点和后期维护。

(1)发布时间

为了让你的作品被更多人看到,火得更快,一定要选择在用户在线人数多的时候发布。据统计,有 62% 的用户会在饭前和睡前这两个时间段玩手机;10.9% 的用户会利用碎片化时间玩手机,如上卫生间或者上班路上。尤其是睡前和周末、节假日这些时间段,抖音盒子的用户活跃度非常高。运营者发布内容的时间可以控制在以下几个时间段,如图 4-53 所示。

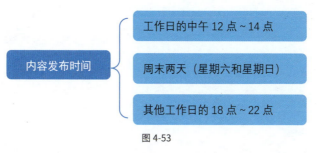

图 4-53

> **特别提醒**:因为平台的双重审核需要一定的时间,所以运营者最好在这些"黄金时段"提前 10 分钟发布内容,这样可以最大限度地让视频吸引用户的眼球。

同样的内容在不同的时间段发布,推荐量肯定是不一样的,因为流量高峰期人比较多,那么运营者的内容就有可能被更多人看到。如果运营者一次性录制了好几个视频,千万不要同时发布,两个视频中间至少要间隔一个小时。

另外,还需要结合运营者的目标用户群体的时间安排选择一个最佳的时间点来发布内容。再次提醒,最核心的一点就是在线人数多的时候发布，这样得到的曝光量会大很多。

（2）发布地点

抖音盒子在推荐内容时，会优先向附近的人推荐，因此运营者可以尽量定位到人群较多的地方去发布内容。

（3）后期维护

运营者发布内容后，还需要积极引导用户对内容进行点赞、评论和转发。其中，评论非常重要，很多爆款作品的评论区就能起到引流的作用。运营者可以安排专门的人去维护用户的评论，积极回复用户的问题，和用户进行互动，从而提升用户的活跃度和忠诚度。

02 橱窗推广篇

Chapter 05

第5章
橱窗管理：将商品有序地呈现出来

运营者可以通过对抖音商品橱窗的管理，将橱窗中的商品有序地呈现出来。本章，笔者将为大家讲解抖音商品橱窗的基础知识，以及通过移动端和电脑端管理商品橱窗的操作方法，帮助大家提高橱窗管理的效率。

第 5 章 橱窗管理:将商品有序地呈现出来

5.1 快速了解抖音商品橱窗

部分用户和运营者可能对抖音商品橱窗所知有限,本节笔者就讲解一些基础知识,帮助大家快速了解抖音商品橱窗。

5.1.1 什么是抖音商品橱窗

对于用户来说,抖音商品橱窗是一个集中展示带货商品的地方(每个抖音号的商品橱窗可以看成一个店铺),用户可以查看对应带货达人在销售哪些商品,如果有感兴趣的商品,还可以直接下单购买。具体来说,开通了抖音商品橱窗的账号主页中会出现"进入橱窗"按钮,用户只需点击该按钮,即可进入其推荐橱窗(也就是该抖音号的商品橱窗),如图 5-1 所示。

图 5-1

而对于运营者来说,抖音商品橱窗有双重含义:首先,它可以指账号中用于集中展示带货商品的橱窗;其次,它也可以指抖音平台中的商品橱窗的相关功能(借助这些功能,运营者可以更好地进行带货,从而获得更多佣金)。

5.1.2 为什么要开通抖音商品橱窗

开通抖音商品橱窗不仅需要进行相关操作,还需要向抖音官方支付保证金。那么,为什么还有很多运营者愿意开通抖音商品橱窗呢?笔者认为,这主要是因为开通抖音商品橱窗有以下好处。

1. 增加账号的变现收益

因为运营者将商品添加至自己的橱窗之后,用户可以通过橱窗购买其中的商品,而用户购买商品之后运营者又可以获得一定的佣金。所以,对于运营者来说,开通抖音商品橱窗是增加账号变现收益的一种有效手段。

2. 抖音带货的必要条件

在抖音平台中,开通商品橱窗是进行带货的必要条件之一。只有开通了商品橱窗,运营者才可以将商品添加至自己的账号中,并将商品销售给用户。如果没有开通商品橱窗,运营者将无法获得购物车功能,无法通过短视频和直播直接销售商品。

5.1.3 开通抖音商品橱窗的方法

运营者要想借助商品橱窗进行带货,需要先通过如下操作获得抖音带货权限。

Step 01 进入抖音 App 的"我"界面,点击界面上方的 图标,如图 5-2 所示。

Step 02 执行操作后,在弹出的列表框中选择"创作者服务中心"选项,如图 5-3 所示。

Step 03 执行操作后,进入创作者服务中心界面,点击界面中的"商品橱窗"按钮,如图 5-4 所示。

Step 04 执行操作后,进入"商品橱窗"界面,选择界面中的"成为带货达人"选项,如图 5-5 所示。

第 5 章 橱窗管理：将商品有序地呈现出来

图 5-2

图 5-3

图 5-4

图 5-5

Step 05 执行操作后，进入"成为带货达人"界面，点击界面中的"带货权限申请"按钮，如图 5-6 所示。

117

Step 06 执行操作后，进入"带货权限申请"界面，该界面会显示申请带货权限的要求，如图 5-7 所示。如果运营者的账号满足了所有的申请要求，可以点击界面下方的"立即申请"按钮，申请开通带货权限。该权限开通之后，运营者的账号将会获得抖音商品橱窗功能。

图 5-6

图 5-7

> **特别提醒**　不同时期，抖音平台对开通带货权限申请的要求也不尽相同。例如，抖音 App 上线初期开通抖音带货申请，对粉丝数和作者保证金是没有要求的。这也告诉我们，做抖音带货应该尽早入场，因为之后的进场门槛可能会越来越高。

5.1.4　如何提升橱窗的带货口碑

运营者的抖音商品橱窗中会展示带货口碑，包括带货的评分和评分的等级。图 5-8 所示为某抖音号的商品橱窗，可以看到该抖音号橱窗带货的评分为 4.84 分（总分 5 分）；橱窗带货评分的等级为"高"。

对于用户来说，带货口碑反映的是运营者橱窗带货的靠谱程度。通常来说，带货口碑越好，带货的运营者就越靠谱。因此，部分用户在购买商品时，会更愿意选择在带货口碑好的橱窗中下单购买商品。

第 5 章 橱窗管理：将商品有序地呈现出来

那么，运营者要如何提高自身的橱窗带货口碑评分呢？笔者认为可以重点从选品上下功夫。具体来说，运营者可以重点选择好评率高、退货率低和投诉少的商品进行带货，因为这些商品相对来说会比较靠谱。

图 5-8

5.2 通过移动端管理商品橱窗

在抖音平台带货的过程中，运营者很有必要对自己的商品橱窗进行管理。通过对橱窗的管理，可以将具有优势的商品放置在显眼的位置，激发用户的购买欲，从而达到打造爆款的目的。

通常来说，第一次使用"商品橱窗"功能时，系统会要求开通电商功能。只有开通了电商功能，才能对橱窗中的商品进行管理操作。具体来说，运营者可以通过如下步骤，开通电商功能。

Step 01 打开抖音 App 登录账号，进入"我"界面，点击界面中的"商品橱窗"按钮，进入"开通电商功能"界面，如图 5-9 所示。

Step 02 滑动屏幕，阅读协议的相关内容，确认没有问题之后，点击下方的"我已阅读并同意"按钮，如图 5-10 所示。

Step 03 执行操作后，如果显示"恭喜你已开通抖音商品推广功能！"，就说明电商功能开通成功了，如图 5-11 所示。

图 5-9

图 5-10

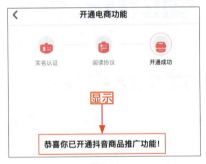
图 5-11

电商功能开通后，运营者便可以管理商品橱窗了。通过移动端（即抖音 App）管理商品橱窗主要包括 5 部分内容，即添加商品、置顶商品、更新信息、删除商品和预览橱窗。本节，笔者就分别进行说明。

5.2.1 添加商品

对于运营者来说，在商品橱窗中添加商品非常关键，因为如果没有在规定时间内完成添加商品的任务，相关的权限就会被收回。而且如果运营者要通过短视频或直播带货，也要先在商品橱窗中添加商品。

运营者可以去"抖音电商精选联盟"界面中添加商品，添加商品

第 5 章 橱窗管理：将商品有序地呈现出来

之后，如果收到一条完成新手任务的消息，就说明添加商品到商品橱窗的任务完成了。具体来说，运营者还可以通过如下步骤直接将商品添加至橱窗中。

Step 01 进入抖音 App 的个人主页界面，点击界面中的"商品橱窗"按钮，如图 5-12 所示。

Step 02 执行操作后，进入"商品橱窗"界面，点击界面中的"选品广场"按钮，如图 5-13 所示。

图 5-12

图 5-13

Step 03 执行操作后，进入"抖音电商精选联盟"界面，点击界面中的搜索框，如图 5-14 所示。

Step 04 执行操作后，❶在搜索框中输入商品名称，如"手机稳定器"；❷点击"搜索"按钮，如图 5-15 所示。

Step 05 执行操作后，点击搜索结果中对应商品后方的"加橱窗"按钮，如图 5-16 所示。

Step 06 执行操作后，如果界面中显示"已加入橱窗，您可在发布视频时添加橱窗的商品进行推广"，就说明该商品已成功添加到橱窗中，如图 5-17 所示。

抖音电商从入门到精通：抖店运营＋橱窗推广＋购物车转化

图 5-14

图 5-15

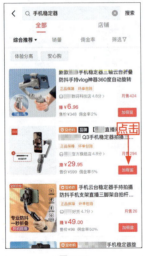

图 5-16

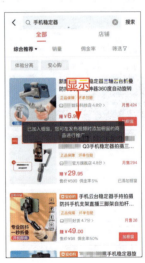

图 5-17

5.2.2 置顶商品

当添加的商品比较多时，运营者可以通过商品置顶功能，让更多用户看到某个商品。具体来说，运营者可以通过如下操作置顶商品。

Step 01 进入抖音 App 的"商品橱窗"界面，点击界面中的"橱窗

第 5 章 橱窗管理：将商品有序地呈现出来

管理"按钮，如图 5-18 所示。

Step 02 执行操作后，进入"橱窗管理"界面，点击界面中的"管理"按钮，如图 5-19 所示。

图 5-18

图 5-19

Step 03 执行操作后，❶选中对应商品前方的复选框；❷点击"置顶"按钮，如图 5-20 所示。

Step 04 执行操作后，如果界面中显示"已置顶"，并且刚刚选中的商品自动置顶了，就说明商品置顶操作成功了，如图 5-21 所示。

图 5-20

图 5-21

5.2.3 更新信息

当商品的相关信息发生变化，或者需要重新编辑商品的信息时，运营者可以通过如下操作对商品的信息进行更新。

Step 01 进入"橱窗管理"界面，点击对应商品后方的 图标，如图5-22所示。

Step 02 执行操作后，进入"编辑商品"界面，❶在该界面中设置短视频推广标题和直播间推广卖点；❷点击"确认"按钮，如图5-23所示。

Step 03 执行操作后，如果界面中显示"商品信息更新成功"，就说明商品信息更新成功了，如图5-24所示。

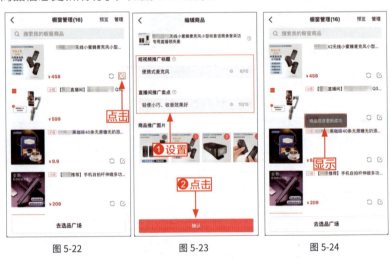

图5-22　　　　　图5-23　　　　　图5-24

5.2.4 删除商品

当抖音商品橱窗中的商品没有库存了，或者商品橱窗中的某些商品不适合再销售时，运营者可以通过如下操作将对应的商品删除。

Step 01 进入"橱窗管理"界面，点击界面中的"管理"按钮，如图5-25所示。

Step 02 执行操作后，❶选中对应商品前方的复选框；❷点击"删除"按钮，如图5-26所示。

第 5 章 橱窗管理：将商品有序地呈现出来

图 5-25

图 5-26

Step 03 执行操作后，会弹出"移除商品"对话框，点击对话框中的"确定"按钮，如图 5-27 所示。

Step 04 执行操作后，如果在橱窗管理界面中看不到刚刚选中的商品了，就说明该商品删除成功了，如图 5-28 所示。

图 5-27

图 5-28

5.2.5 预览橱窗

在商品橱窗中添加商品之后，运营者可以通过如下步骤预览橱窗，查看抖音号橱窗中的商品以及商品的销量等信息。

Step 01 进入"橱窗管理"界面，点击界面中的"预览"按钮，如图 5-29 所示。

Step 02 执行操作后，即可进入对应抖音号的推荐橱窗。该界面会显示已添加到橱窗中的商品，以及各商品的来源和销量等信息。运营者还可以点击界面中的 ∨ 图标，如图 5-30 所示，对橱窗的预览排序进行调整。

图 5-29

图 5-30

Step 03 执行操作后，会弹出一个下拉列表框，选择列表框中排序规则对应的选项，如选择"销量优先"选项，如图 5-31 所示。

Step 04 执行操作后，系统会自动对商品进行排序，如图 5-32 所示。

第 5 章 橱窗管理：将商品有序地呈现出来

图 5-31

图 5-32

5.3 通过电脑端管理商品橱窗

除了移动端之外，运营者还可以通过电脑端（即巨量百应平台）对橱窗商品进行管理。本节，笔者就为大家讲解橱窗商品管理的电脑端操作方法。

5.3.1 添加商品至橱窗

运营者可以通过巨量百应平台直接将商品添加至抖音 App 的商品橱窗中，具体操作如下。

Step 01 进入巨量百应平台的"首页"页面，单击页面右侧的"橱窗管理"按钮，如图 5-33 所示。

Step 02 执行操作后，进入"橱窗商品管理"页面，单击页面中的"添加商品"按钮，如图 5-34 所示。

Step 03 执行操作后，会弹出"添加商品"对话框，❶在该对话框中粘贴需要添加的商品的链接；❷单击"识别链接"按钮，如图 5-35 所示。

图 5-33

图 5-34

图 5-35

Step 04 执行操作后,对话框中会出现商品的相关信息,并自动选中商品,

第 5 章 橱窗管理：将商品有序地呈现出来

单击对话框下方的"确认添加"按钮，如图 5-36 所示。

图 5-36

Step 05 执行操作后，返回"橱窗商品管理"页面，如果该页面的"橱窗商品列表"板块中出现了刚刚添加的商品，就说明商品添加成功了，如图 5-37 所示。

图 5-37

5.3.2 隐藏橱窗商品

如果运营者想要过一段时间再销售橱窗中的商品，可以先将商品隐藏起来。商品被隐藏之后，只有用对应抖音账号登录的人员才能看到。

具体来说，运营者可以通过如下操作隐藏橱窗中的商品。

Step 01 进入巨量百应平台的"橱窗商品管理"页面，❶选中需要隐藏的商品；❷单击页面上方的"批量隐藏"按钮，如图5-38所示。

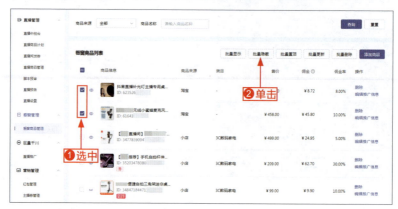

图 5-38

Step 02 执行操作后，如果商品前方的 👁 图标变成了 ⤬ 图标，就说明商品隐藏成功了，如图5-39所示。

图 5-39

除了将已添加的商品隐藏之外，运营者还可以在添加商品时，直接选择隐藏商品。具体来说，通过巨量百应平台添加商品时，❶运营者可以选中"添加商品"对话框中"不在橱窗展示"前方的复选框；❷单击"确认添加"按钮，如图5-40所示。

第 5 章 橱窗管理：将商品有序地呈现出来

图 5-40

执行操作后，如果"橱窗商品管理"页面的"橱窗商品列表"板块中出现了商品的相关信息，并且商品前方显示的是 ✈ 图标，也就是说添加的商品被自动隐藏了，如图 5-41 所示。

图 5-41

5.3.3 显示橱窗商品

运营者要销售已隐藏的商品，需要先将商品显示出来。只有这样，用户才能看到并购买你的商品。具体来说，运营者可以通过如下步骤显示橱窗中已隐藏的商品。

Step 01 进入巨量百应平台的"橱窗商品管理"页面，❶选中"橱窗商品列表"板块中需要显示的商品；❷单击页面上方的"批量显示"按钮，如图 5-42 所示。

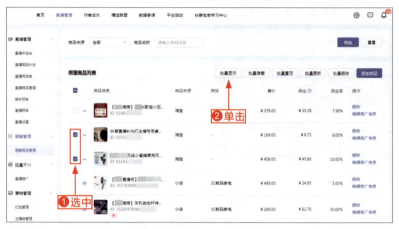

图 5-42

Step 02 执行操作后，如果商品前方的 ⚡ 图标变成了 ◉ 图标，就说明商品显示成功了，如图 5-43 所示。

图 5-43

5.3.4　置顶橱窗商品

如果商品排在橱窗中靠后的位置，运营者可以通过如下置顶操作，

第 5 章 橱窗管理：将商品有序地呈现出来

让商品排在橱窗的前列，让更多用户看到这些置顶的商品。

Step 01 进入巨量百应平台的"橱窗商品管理"页面，❶选中"橱窗商品列表"板块中需要置顶的商品；❷单击页面上方的"批量置顶"按钮，如图 5-44 所示。

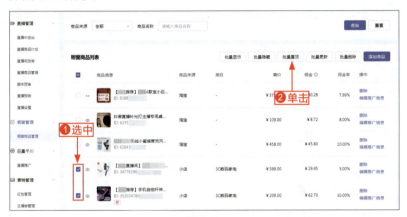

图 5-44

Step 02 执行操作后，如果商品信息出现在"橱窗商品列表"的前列，就说明商品置顶成功了，如图 5-45 所示。

图 5-45

5.3.5 更新橱窗商品

当商品的信息发生变化时，运营者可以通过如下操作在巨量百应平台中对商品信息进行更新。

Step 01 进入巨量百应平台的"橱窗商品管理"页面，❶选中"橱窗商品列表"板块中需要更新信息的商品；❷单击页面上方的"批量更新"按钮，如图 5-46 所示。

图 5-46

Step 02 执行操作后，会弹出"更新选中商品"对话框，单击对话框中的"更新"按钮，如图 5-47 所示。

图 5-47

Step 03 执行操作后，即可将对应商品的信息进行更新。

5.3.6 删除橱窗商品

在巨量百应平台中，运营者可以选择单独删除某个商品或者直接

第 5 章 橱窗管理：将商品有序地呈现出来

批量删除商品。下面，笔者就分别讲解具体的操作方法。

1. 单独删除商品

当某橱窗中的商品不适合再进行销售时，运营者可以选择直接删除该商品，具体操作如下。

Step 01 进入巨量百应平台的"橱窗商品管理"页面，单击对应商品后方的"删除"按钮，如图 5-48 所示。

图 5-48

Step 02 执行操作后，会弹出"删除橱窗商品"对话框，单击对话框中的"删除"按钮，如图 5-49 所示。

图 5-49

Step 03 执行操作后，返回"橱窗商品管理"页面，如果"橱窗商品列表"中对应商品的信息消失了，就说明该商品删除成功了，如图 5-50 所示。

图 5-50

2. 批量删除商品

除了单独删除商品之外,运营者还可以借助"批量删除"功能,一次删除多个商品,具体操作步骤如下。

Step 01 进入巨量百应平台的"橱窗商品管理"页面,❶选中需要删除的商品;❷单击页面上方的"批量删除"按钮,如图 5-51 所示。

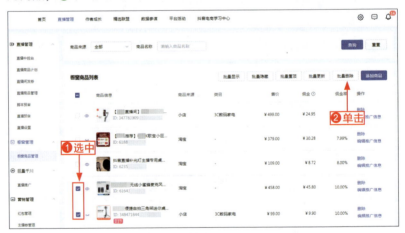

图 5-51

Step 02 执行操作后,会弹出图 5-49 所示的"删除橱窗商品"对话框,单击对话框中的"删除"按钮。

Step 03 执行操作后,返回"橱窗商品管理"页面,如果"橱窗商品列表"

第 5 章 橱窗管理：将商品有序地呈现出来

中对应商品的信息消失了，就说明这些商品删除成功了，如图 5-52 所示。

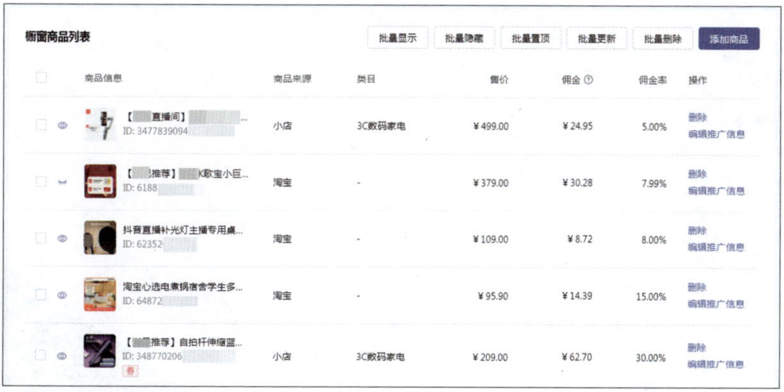

图 5-52

Chapter 06

第6章
橱窗功能：提升账号的佣金收益

运营者可以通过账号的个人主页进入"商品橱窗"界面，该界面为运营者提供了多种功能，运营者可以借助这些功能评估账号的橱窗带货情况，并寻找提升账号带货佣金收益的方案。

第6章 橱窗功能：提升账号的佣金收益

6.1 账号的信息查阅功能

运营者可以通过商品橱窗功能查看账号的带货信息，并在此基础上评估自身的带货能力，寻找提升带货效果的方案。本节，笔者就为大家讲解账号带货信息查阅的相关功能，帮助大家更好地评估和提升账号的橱窗带货能力。

6.1.1 账号等级

抖音平台根据相关规则，将带货账号分成了多个等级。带货账号的等级不同，能够获得的权益也不同。对此，运营者可以通过如下操作查看账号带货等级信息，了解提升等级的方法，从而获得更多的权益。

Step 01 进入抖音App的个人主页界面，点击界面中的"商品橱窗"按钮，如图6-1所示。

Step 02 执行操作后，进入"商品橱窗"界面，点击界面中的"LV0（0指账号带货等级）"按钮，如图6-2所示。

图6-1

图6-2

Step 03 执行操作后，进入"我的等级"界面，该界面会显示账号的达人等级分、解锁的权益和等级分变动等信息。另外，运营者还可以向上滑动界面，查看提升带货达人等级的 4 个维度，如图 6-3 所示。运营者持续提升这 4 个维度的能力，可以快速提高自身的带货等级。

图 6-3

如果运营者想了解带货达人等级的具体信息，可以点击"我的等级"界面中的"规则详情"按钮，进入"规则说明"界面进行查看，如图 6-4 所示。

图 6-4

第 6 章 橱窗功能：提升账号的佣金收益

6.1.2 账号信用分

信用分是评估达人带货情况的一个重要指标，如果信用分过低，平台可能会进行一些处罚。对此，运营者可以通过如下操作查看账号的信用积分和记录，了解提高信用分的方法。

Step 01 进入"商品橱窗"界面，点击"信用分12（12指具体的信用积分）"按钮，如图6-5所示。

Step 02 执行操作后，即可进入"信用积分"界面，如图6-6所示，运营者可以在该界面中查看账号的信用积分和信用记录。

图 6-5

图 6-6

有需要的运营者还可以点击界面上方的"规则"按钮，查看《电商创作者违规与信用分管理规则》的具体信息，了解哪些行为会被扣信用分。图6-7所示为该管理规则的部分内容。

图 6-7

6.1.3 带货口碑分

部分用户在购买商品时会比较关注运营者的带货口碑评分,对此,运营者可以通过如下操作查看带货口碑详情,并了解提高带货口碑评分的方法。

Step 01 进入"商品橱窗"界面,点击"带货口碑"(还未通过带货售出商品的账号会显示"暂无评分";已通过带货售出商品的账号则会显示具体的带货分数)按钮,如图 6-8 所示。

Step 02 执行操作后,即可进入"带货口碑详情"界面,查看账号的带货口碑和分析诊断,如图 6-9 所示。

另外,有需要的运营者还可以点击界面中的"规则详情"按钮,查看《创作者带货口碑分实施规则(修订)》公示通知,了解提高带货口碑评分的方法。图 6-10 所示为该公示通知的部分内容。

第 6 章 橱窗功能：提升账号的佣金收益

图 6-8

图 6-9

图 6-10

6.1.4 带货数据查询

在做抖音带货的过程中，运营者可以通过"商品橱窗"界面中的"数据看板"功能，了解自身的带货情况，并根据数据分析寻找更适合的带货方案。具体来说,运营者可以通过如下操作使用"数据看板"功能分析带货数据。

Step 01 进入"商品橱窗"界面,界面中有一个"今日数据"板块,该板块会显示当日的成交金额、成交订单数和成交人数,点击该板块中的"数据看板"按钮,如图6-11所示,还可以查看更多数据。

Step 02 执行操作后,即可进入"数据看板"的"概览"选项卡,该选项卡会显示核心指标及趋势变化情况,如图6-12所示。

另外,运营者还可以切换至"直播"选项卡,单独查看并分析直播带货数据,如图6-13所示。

图6-11　　　　　　图6-12　　　　　　图6-13

6.2　精选联盟的推广功能

在通过抖音商品橱窗带货时,运营者可以利用精选联盟的相关推广功能管理商品、寻找合作、查看佣金和调整联系方式等,提升自身的带货能力和效果,本节笔者就来做具体说明。

6.2.1　商品管理功能

"商品橱窗"界面中有一个"精选联盟"板块,运营者可以借助该板块中的相关功能对橱窗中的商品进行管理，将合适的商品销售给目标用户。例如，运营者可以通过"选品广场"功能，进入"抖音电商精选联盟"界面，将合适的商品添加至橱窗中；又如，运营者可以通过"橱窗管理"功能，进入抖音号的商品橱窗，对商品进行管理。

6.2.2 招商合作功能

"商品橱窗"界面的"精选联盟"板块为运营者提供了多种招商合作类功能，如"合作邀约""招商合作""合作消息"和"基地直播"（和直播基地进行合作，共享基地的资源，提升运营者的直播带货能力）功能。运营者可以利用这些功能寻求与他人合作，提升橱窗的带货能力。下面，笔者就以"合作邀约"功能为例，介绍具体的使用方法。

Step 01 进入"商品橱窗"界面，点击"精选联盟"板块中的"合作邀约"按钮，如图 6-14 所示。

Step 02 执行操作后，进入合作邀约的"待处理"选项卡，如果该选项卡中显示"暂无待处理邀约"，如图 6-15 所示，可以切换至"可联系"选项卡，查看可以进行联系的合作邀约。

图 6-14

图 6-15

Step 03 ❶切换至"可联系"选项卡；❷点击对应邀约所在板块中的"详情"按钮，如图 6-16 所示。

Step 04 执行操作后，进入"合作邀约详情"界面，运营者可以查看邀约对象的合作达人、优惠和说明等信息，如图 6-17 所示。

图 6-16

图 6-17

Step 05 向上滑动界面，可以查看邀约对象需要推广的商品，如果某个商品适合利用橱窗带货，可以点击该商品后方的"加橱窗"按钮，如图 6-18 所示。

Step 06 执行操作后，如果显示"已加入橱窗，您可在发布视频时添加橱窗的商品进行推广"，就说明商品已成功添加至橱窗，如图 6-19 所示，此时运营者便可以通过橱窗带货获得佣金收益了。

除了直接将商品添加至抖音商品橱窗并进行带货之外，运营者还可以与邀约对象取得联系，就合作的相关事宜进行探讨。具体来说，运营者可以点击"合作邀约详情"界面下方的"联系方式"按钮，如图 6-20 所示。执行操作后，会弹出"联系商家"对话框，如图 6-21 所示。运营者可以点击该对话框中的对应按钮，通过电话或微信与邀约对象进行沟通。

第 6 章 橱窗功能：提升账号的佣金收益

图 6-18

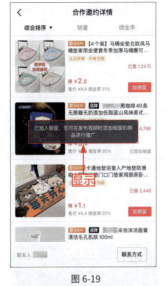

图 6-19

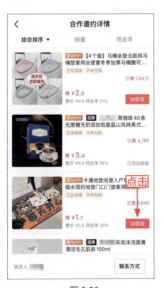

图 6-20

图 6-21

6.2.3 佣金统计功能

部分运营者之所以花费大量时间和精力运营抖音号，就是希望能够通过带货获得佣金收益，拓展自身的收入渠道。这部分运营者可以通过"佣金统计"功能，查看账号的佣金数据，有需要的运营者还可以直接通过提现操作，将获得的佣金转入自己的银行账户中，具体操作步骤如下。

Step 01 进入"商品橱窗"界面，点击"精选联盟"板块中的"佣金统计"按钮，如图6-22所示。

Step 02 执行操作后，进入"佣金统计"界面，该界面中会展示当前账户的基本信息、推广明细和具体的推广数据，如图6-23所示。如果运营者想了解更多推广数据，更好地据此评估橱窗带货效果，可以点击"推广数据"后方的"查看更多"按钮，进入对应界面进行查看。

图 6-22

图 6-23

Step 03 确定要进行佣金提现的运营者可以点击"佣金统计"界面中的"提现"按钮，根据提示进行相关操作，将佣金转入自己的银行账户中。

> **特别提醒**　"当前账户"板块还为运营者提供了佣金的入账和提现记录查询入口，运营者只需点击对应按钮，即可查看佣金的入账记录和提现记录。

第 6 章 橱窗功能：提升账号的佣金收益

6.2.4 联系方式功能

运营者可以通过"精选联盟"板块中的"联系方式"功能，设置或修改账号的联系方式，这样平台会在活动报名或招商活动等平台中展示账号的联系方式，有合作需求的商家也可以通过相关联系方式快速与你沟通。具体来说，运营者可以通过如下操作设置或修改联系方式。

Step 01 进入"商品橱窗"界面，点击"精选联盟"板块中的"联系方式"按钮，如图 6-24 所示。

Step 02 执行操作后，进入"联系方式"界面，运营者可以选择绑定或修改飞书号、手机号和微信号。以修改微信号为例，运营者可以点击"微信号"后方的"修改"按钮，如图 6-25 所示。

Step 03 执行操作后，进入"填写微信号"界面，❶在界面中输入要留下的微信号；❷点击"提交"按钮，如图 6-26 所示。

图 6-24　　　　　图 6-25　　　　　图 6-26

Step 04 执行操作后，即可返回"联系方式"界面，如果界面中显示了刚刚输入的微信号，就说明微信号修改成功了。

6.3 橱窗的常用服务功能

"商品橱窗"界面的"常用服务"板块为运营者提供了一些常用的服务功能，运营者可以使用这些功能更好地为用户提供橱窗带货服务，提升带货的便利性和效果。本节，笔者就为大家讲解橱窗的常用服务功能。

6.3.1 小店的相关功能

"商品橱窗"界面的"常用服务"板块包含几个与抖音小店相关的功能，如"小店随心推"功能和"我的小店"功能。其中，利用"小店随心推"功能可以对已发布的短视频进行推广，增加短视频中带货商品的曝光量；借助"我的小店"功能，则可以开通抖音小店或查看自己的小店。下面，笔者就以"小店随心推"功能为例，为大家讲解具体的使用方法。

Step 01 进入"商品橱窗"界面，点击"常用服务"板块中的"小店随心推"按钮，如图 6-27 所示。

Step 02 执行操作后，进入"小店随心推"界面，运营者可以点击要进行推广的短视频下方的"去推广"按钮，如图 6-28 所示。

图 6-27

图 6-28

第 6 章　橱窗功能：提升账号的佣金收益

Step 03 执行操作后，运营者可以查看推广的相关信息，如果确定要进行推广，可以点击"支付"按钮，如图 6-29 所示。

Step 04 执行操作后，❶选择支付方式；❷点击"确认支付"按钮，如图 6-30 所示，并支付对应的金额，即可通过"小店随心推"功能对小店商品进行推广。

图 6-29　　　　　　　图 6-30

6.3.2　账号管理功能

"常用服务"板块包含了"账户升级"和"账号绑定"等功能，运营者可以借助这些功能对账号进行有效管理。以"账号绑定"功能为例，如果运营者要通过第三方平台进行橱窗带货，需要先借助该功能绑定对应平台的账号。下面，笔者就以绑定京东平台的账号为例，为大家讲解具体的操作步骤。

Step 01 进入抖音 App 的"商品橱窗"界面，点击界面中的"账号绑定"按钮，如图 6-31 所示。

Step 02 执行操作后，进入"账号绑定"界面，点击界面中的"京东 PID（port identity document 的缩写，译为：端口身份标识）"后方的"未绑定"按钮,如图 6-32 所示。

图 6-31

图 6-32

Step 03 进入"账号修改"界面,界面中会显示京东 PID 的具体获取方法,如图 6-33 所示。

Step 04 登录微信 App,使用"搜一搜"功能查找并关注"京粉儿"微信公众号,依次点击其聊天界面中的"我的"按钮和"PID 管理"按钮,如图 6-34 所示。

图 6-33

图 6-34

第 6 章 橱窗功能：提升账号的佣金收益

Step 05 执行操作后，进入"登录"界面，点击界面中的"微信手机号快捷登录"按钮，如图 6-35 所示。

Step 06 执行操作后，会弹出"京粉精选 申请使用"对话框，点击对话框中的"允许"按钮，如图 6-36 所示。

图 6-35

图 6-36

Step 07 执行操作后，进入"PID 管理"界面，点击界面中的"复制 PID"按钮，如图 6-37 所示。

Step 08 执行操作后，界面中会显示"复制成功"，如图 6-38 所示。

图 6-37

图 6-38

Step 09 返回"账号修改"界面，❶在输入框中粘贴刚刚复制的 PID；❷点击"绑定"按钮，如图 6-39 所示。

Step 10 执行操作后，会弹出"京东联盟平台 CPS（commodity promotion solution 的缩写，译为：商品推广解决方案）推广代理商/子会员业务协议"对话框，点击对话框中的"确定"按钮，如图 6-40 所示。

图 6-39

图 6-40

Step 11 执行操作后，会弹出"变更 PID 将影响佣金结算账户，请确保修改的 PID 无误！"对话框，点击对话框中的"确认无误"按钮，如图 6-41 所示。

Step 12 执行操作后，界面会显示"PID 已更新"，如图 6-42 所示。

图 6-41

图 6-42

第 6 章 橱窗功能：提升账号的佣金收益

Step 13 返回"账号绑定"界面，此时"京东 PID"会显示"已绑定"，如图 6-43 所示。

图 6-43

6.3.3 其他常用功能

除了小店的相关功能和账号管理功能之外，"常用服务"板块还为运营者提供了一些其他的常用功能，运营者可以借助这些功能享受平台提供的服务，让橱窗带货变得更加便利和有效。例如，运营者可以通过"达人活动"功能，参与官方推出的相关活动，增加账号和商品的曝光量；又如，运营者可以通过"联系客服"功能，与客服进行在线沟通，解决橱窗带货过程中遇到的问题。

6.4 橱窗带货的学习功能

在通过抖音橱窗带货的过程中，运营者可以通过平台提供的学习功能，了解平台的相关规则，积累带货的经验，从而有效地提升自身的带货能力。本节，笔者就为大家讲解与橱窗带货相关的学习功能。

6.4.1 分享排行榜功能

"商品橱窗"界面中有一个"排行榜"板块，运营者可以通过该板块查看在榜达人的橱窗中在分享哪些商品，并根据相关数据判断哪些商品比较受用户的欢迎，为橱窗选品提供参照。具体来说，运营者可以通过如下操作查看"达人榜"中相关达人的橱窗。

Step 01 进入抖音 App 的"商品橱窗"界面,点击"排行榜"后方的"查看更多"按钮,如图 6-44 所示。

Step 02 执行操作后,进入"达人榜"界面的"商品分享热榜"选项卡,点击在榜达人所在位置中的"去 TA 的橱窗"按钮,如图 6-45 所示。

Step 03 执行操作后,即可进入该达人的橱窗,查看橱窗中的商品及其相关信息,如图 6-46 所示。运营者可以根据已售数量判断商品的受欢迎程度,并将受欢迎的商品添加至自己的橱窗中进行销售。

图 6-44

图 6-45

图 6-46

6.4.2 电商学习功能

"商品橱窗"的"成长进阶"板块为运营者提供了抖音电商学习中心的入口,运营者可以进入该学习中心学习抖音电商的带货知识、参与平台中正在进行的活动,具体操作步骤如下。

Step 01 进入抖音 App 的"商品橱窗"界面,点击"成长进阶"板块中"抖音电商学习中心"后方的"海量精选课程"按钮,如图 6-47 所示。

Step 02 执行操作后,进入"抖音电商学习中心"界面,运营者可以根据要学习的课程内容,点击对应的按钮,如"新手入门"按钮,如图 6-48 所示。

第6章 橱窗功能：提升账号的佣金收益

图 6-47

图 6-48

Step 03 执行操作后，进入"新手入门"界面，该界面会为用户展示新手入门方面的课程，如图 6-49 所示。运营者只需点击对应课程的名称，即可查看并学习课程内容。如果运营者要学习其他类型的课程，也可以点击图 6-49 中左侧导航栏的对应按钮，查看并学习课程内容。

Step 04 "抖音电商学习中心"界面中有一个"最新活动"板块，该板块会自动展示抖音平台正在举办或将要举办的活动。如果运营者对某个活动感兴趣，可以点击该板块中对应活动所在的位置，查看活动的相关信息，如图 6-50 所示。

图 6-49

图 6-50

157

学习完课程之后，运营者还可以通过考试来评估学习效果。具体来说，运营者可以点击图 6-48 中的"考试"按钮，点击对应考试所在板块中的"立即考试"按钮，如图 6-51 所示。执行操作后，即可进入对应考试的答题界面，如图 6-52 所示。

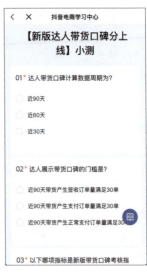

图 6-51　　　　　　　　　图 6-52

6.4.3　规则学习功能

抖音平台会不定期发布一些规则，运营者可以通过如下操作学习相关规则，让橱窗带货内容更加符合平台的要求。

Step 01　进入抖音 App 的"商品橱窗"界面，点击"成长进阶"板块中"规则中心"后方的"平台规则学习"按钮，如图 6-53 所示。

Step 02　执行操作后，跳转至"抖音电商学习中心"界面，点击"规则解读"后方的"查看更多"按钮，如图 6-54 所示。

Step 03　执行操作后，即可在新跳转的界面中查看抖音平台已发布的规则，如图 6-55 所示。运营者只需点击某个规则所在的位置，便可以查看该规则的具体内容。

另外，图 6-54 中搜索框下方有一个"规则考试中心"板块，运营

第 6 章 橱窗功能：提升账号的佣金收益

者可以点击该板块中的"点击进入"按钮，进入规则考试的答题界面，如图 6-56 所示。运营者可以根据考试的得分评估自己的学习效果，如果考试得分比较低，那么运营者需要再次对相关规则进行学习。

图 6-53

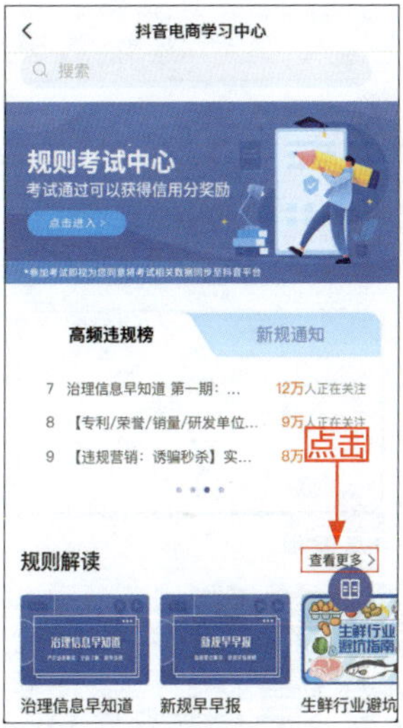

图 6-54

图 6-55

图 6-56

Chapter 07

第7章
橱窗带货：有效提升商品的销量

运营者开通抖音电商权限之后，便可以借助账号的商品橱窗进行带货。在借助抖音商品橱窗带货时，运营者可以通过选择合适的商品、合适的带货方法，有效地提升商品的销量。

第 7 章 橱窗带货：有效提升商品的销量

7.1 为橱窗选择合适的带货商品

在通过抖音商品橱窗带货的过程中，运营者可以选择合适的带货商品，将其添加至橱窗中。本节，笔者就为大家讲解抖音橱窗选品的常见方法，帮助大家快速找到合适的带货商品。

7.1.1 根据自身优势选择商品

在抖音账号的运营过程中，运营者可能会获得一些优势，如图 7-1 所示。在通过抖音商品橱窗带货的过程中，运营者可以根据自身的优势来选择适合自己的品类，这样用户会更愿意购买你的商品，而你获得的收益也会更有保障。

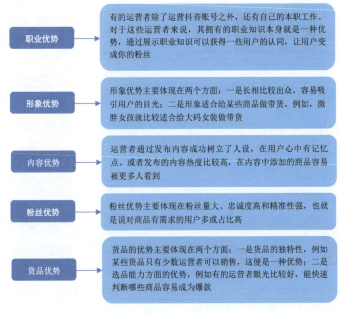

图 7-1

例如，美食博主可以选择将食品饮料类商品添加至抖音橱窗中进行带货。那么，运营者要如何在抖音电商精选联盟中选择合适的商品品类进行带货呢？下面，笔者就为大家介绍具体的操作步骤。

Step 01　进入抖音 App 的"抖音电商精选联盟"界面，点击界面中的 ≡ 图标，如图 7-2 所示。

Step 02　执行操作后，进入"商品分类"界面，点击界面中对应分类的按钮，如依次点击"食品饮料"按钮和"糕点点心"按钮，如图 7-3 所示。

图 7-2

图 7-3

Step 03　执行操作后，进入"糕点点心"界面，该界面会展示各种糕点点心类商品，如图 7-4 所示。如果其中有适合的商品，运营者只需点击对应商品后方的"加橱窗"按钮，即可将其添加至抖音橱窗中进行销售。

> **特别提醒**　在选择带货品类时，运营者还可以点击对应品类界面中的"销量""佣金"或"价格"按钮，让该类商品按照一定的顺序排列，这样更容易找到符合自身需求的商品。

除了点击 ≡ 图标选择带货类别之外，运营者还可以通过"抖音电商精选联盟"界面中的导航栏选择带货品类，具体操作步骤如下。

Step 01　进入抖音 App 的"抖音电商精选联盟"界面，点击导航栏中对应分类的按钮，如"玩具乐器"按钮，如图 7-5 所示。

第 7 章 橱窗带货：有效提升商品的销量

图 7-4

图 7-5

Step 02 执行操作后，界面中会出现下拉分类列表框，选择列表框中对应细分类别选项，如"民族乐器"选项，如图 7-6 所示。

Step 03 执行操作后，进入"民族乐器"界面，该界面将为运营者展示各种民族乐器，如图 7-7 所示。运营者可以从中选择合适的商品，并将其添加至抖音商品橱窗。

图 7-6

图 7-7

163

7.1.2 根据官方榜单选择商品

抖音官方推出了"商家榜单"和"热销榜单",运营者可以通过这些榜单选择合适的商品,进行商品橱窗带货。

1. 商家榜单

运营者可以从受用户欢迎的商家中选择合适的商品进行抖音商品橱窗带货,具体操作步骤如下。

Step 01 进入抖音 App 的"抖音电商精选联盟"界面,点击导航栏下方的"商家榜单"按钮,如图 7-8 所示。

Step 02 执行操作后,进入"优选商家榜"界面的"精选商家"选项卡,该榜单会根据市场交易热度、合作专业度和商家体验分对店铺进行排序。运营者可以点击排序靠前的店铺所在板块中的"进店"按钮,如图 7-9 所示。

图 7-8

图 7-9

Step 03 执行操作后,进入对应店铺的"店铺详情"界面。如果该界面中有适合用于抖音橱窗带货的商品,运营者可以点击对应商品后方的"加橱窗"按钮,如图 7-10 所示。

Step 04 执行操作后,如果界面中显示"已加入橱窗,您可在发布视频时添加橱窗的商品进行推广",就说明商品已成功添加至橱窗,如图 7-11 所示,此时运营者便可以通过抖音商品橱窗对该商品进行带货了。

第 7 章 橱窗带货：有效提升商品的销量

图 7-10

图 7-11

除了默认的"精选商家"选项卡之外，运营者还可以切换至其他选项卡，选择适合自身类目的商品进行橱窗带货，具体操作步骤如下。

Step 01 进入"优选商家榜"界面，❶切换至对应商家类目所在的选项卡，如"食品生鲜"选项卡，即可查看食品生鲜类店铺的排名情况；❷点击排序靠前的店铺所在板块中的"进店"按钮，如图 7-12 所示。

Step 02 执行操作后，即可进入对应店铺的"店铺详情"界面，如图 7-13 所示，运营者可以选择将该店铺中适合进行带货的商品添加至橱窗中。

图 7-12

图 7-13

165

2. 热销榜单

除了商家榜单之后，运营者还可以从热销榜单中选择适合用于橱窗带货的商品，具体操作步骤如下。

Step 01 进入抖音App的"抖音电商精选联盟"界面，点击导航栏下方的"热销榜单"按钮，如图7-14所示。

Step 02 执行操作后，进入"联盟商品榜单"界面的"爆款销量榜"选项卡，该榜单会根据销售量、销售额和热推达人数对商品进行排序。运营者可以点击排序靠前的商品后方的"加橱窗"按钮，如图7-15所示。

图 7-14

图 7-15

Step 03 执行操作后，如果界面中显示"已加入橱窗，您可在发布视频时添加橱窗的商品进行推广"，就说明商品已成功添加至橱窗，如图7-16所示，此时运营者便可以通过抖音商品橱窗对该商品进行带货了。

除了默认的"爆款销量榜"选项卡之外，运营者还可以切换至其他选项卡，选择适合自身的商品类目进行橱窗带货，具体操作步骤如下。

Step 01 进入"联盟商品榜单"界面，点击界面中的 图标，如图7-17所示。

第 7 章 橱窗带货：有效提升商品的销量

图 7-16

图 7-17

Step 02 执行操作后，会弹出"全部"列表框，点击列表框中的对应商品类目按钮，如"家居百货"按钮，如图 7-18 所示。

Step 03 执行操作后，即可切换至"家居百货"选项卡，查看家居百货类商品的排序情况，如图 7-19 所示。运营者可以点击对应商品后方的"加橱窗"按钮，将其添加至抖音商品橱窗中并进行销售。

图 7-18

图 7-19

7.1.3 根据店铺评分选择商品

部分用户在选择商品时，可能比较看重商品所在店铺的评分，如果店铺评分太低，用户可能会觉得该店铺销售的商品不太靠谱。对此，运营者可以查看店铺评分，并选择评分较高的店铺中的商品进行橱窗带货。具体来说，运营者可以通过如下操作查看商品所在店铺的评分，并选择合适的商品进行橱窗带货。

Step 01 在"抖音电商精选联盟"界面的搜索框中输入商品关键词，对商品进行搜索，点击搜索结果中对应商品的标题，如图 7-20 所示。

Step 02 执行操作后，即可进入"商品推广信息"界面，运营者可以在商品标题的下方查看商家体验分，如图 7-21 所示。

Step 03 除了商家体验分之外，运营者还可以查看店铺的其他评分情况。具体来说，运营者只需向上滑动"商品推广信息"界面，即可在店铺名称的下方查看其商品体验分、物流体验分和商家服务分，如图 7-22 所示，运营者可以将店铺评分比较高的商品添加至橱窗中进行销售。

图 7-20　　　　　图 7-21　　　　　图 7-22

7.1.4 根据用户评价选择商品

运营者可以查看用户对商品的评价，并选择好评率较高的商品进

第 7 章 橱窗带货：有效提升商品的销量

行橱窗带货。具体来说，运营者可以通过如下操作查看用户对商品的评价。

Step 01 进入"商品推广信息"界面，点击"商品评价"后方的"好评率 95.5%"按钮，如图 7-23 所示。

Step 02 执行操作后，即可进入"商品评价"界面，查看用户对商品的具体评价，如图 7-24 所示，运营者可以选择用户评价比较好的商品进行橱窗带货。

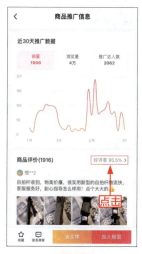

图 7-23   图 7-24

如果比较看重用户的评价，那么运营者可以选择评价数量多、好评率高的商品进行橱窗带货；如果评价的用户数量过少，那么商品的好评率可能不太具有参考性。

7.1.5 根据带货佣金率选择商品

如果运营者比较看重带货的佣金率，希望每单获得较为可观的收益，可以通过如下操作根据商品的佣金率进行排序，并选择佣金率较高的商品进行橱窗带货。

Step 01 在"抖音电商精选联盟"界面的搜索框中输入商品关键词，对商品进行搜索。点击搜索结果中的"佣金率"按钮，如图 7-25 所示。

Step 02 执行操作后，系统将自动根据佣金率从高到低的顺序对商品进行排序，如图 7-26 所示，运营者可以选择其中排序靠前的商品进行橱窗带货，这样自身的带货收益比较有保障。

图 7-25

图 7-26

7.2 根据商品类别选择合适的带货方法

在为抖音商品橱窗中的商品进行带货时，运营者可以根据商品的类别选择合适的带货方法，激发用户的购买欲。本节，笔者就为大家讲解几种常见商品类别的带货方法。

7.2.1 服装类商品的带货方法

服装是抖音 App 中比较常见的一类商品，而且很多服装看起来也是大同小异的。那么，运营者要如何做好服装类短视频带货，让更多用户选择你的商品呢？下面，笔者就为大家讲解一些常见的技巧。

1. 展示细节

虽然很多服装看起来很相似，但是对比一下就会发现其实存在着

第 7 章 橱窗带货：有效提升商品的销量

一些差异，这主要体现在细节设计上。因此，为了显示出服装的差异性，运营者可以通过短视频展示其细节设计。另外，如果细节设计比较有特色，可能还会吸引更多用户下单购买商品。

图 7-27 所示为某条服装类带货短视频的部分画面。可以看到，这些画面着重展示了该款服装的细节设计。因为这些细节设计有一定的特色，所以看到该短视频之后，部分用户便选择下单了。

图 7-27

2. 模特试穿

很多用户选择服装比较看重眼缘，如果对短视频中展示的服装的穿着效果比较满意，他们可能就会下单购买。对此，运营者可以让模特试穿服装，并拍摄专门的推广短视频，让用户觉得该服装穿上去很漂亮。

图 7-28 所示的短视频便是通过模特试穿进行带货的。该短视频对模特试穿之后的侧面和正面效果进行了展示。

3. 突出功用

部分服装可能有一些特定的功用，如显高、显瘦、显腿长和显年轻等。对此，运营者可以在短视频中突出展示具体的功用，让具有相关需求的用户购买你的商品。

图 7-28

图 7-29 所示的两条短视频便突出展示了"显高显瘦显腿长"这几个功用。不仅带上了"显高显瘦显腿长"这个话题，而且展示了模特穿上之后的实际效果。于是，部分觉得自己有些肥胖的用户看到短视频中的服装之后便选择入手了。

图 7-29

4. 点明用户群

部分服装可能有相对特定的用户群，比如有的服装可能适合小个子穿，有的服装可能适合微胖人群穿，还有的服装可能适合孕期的妇女穿。对此，运营者在编写文案时，可以点明用户群。这样，用户通过抖音搜索关键词时，你的短视频便有可能出现在搜索结果中。

图 7-30 所示的两条短视频便带上了"微胖女生"这个话题。该话题通过"微胖"和"女生"这两个词的组合，确定了服装的适用人群。而微胖女生看到该短视频之后，会觉得这个短视频或许对自己有用，所以会更愿意认真观看视频内容。如果对服装比较喜欢，可能还会下单购买。

图 7-30

5. 对比突出效果

有时候效果就是靠对比凸显出来的，可能两款服装分开放显示的效果还不是很明显，但是放在一起对比，就能看出明显的差异。因此，如果运营者是将服装的某个功用作为卖点，那么可以将该服装的穿着效果与普通服装的穿着效果进行对比，让用户看到确实有某个功用。

图 7-31 所示的短视频便是通过对比来突出某款裤子的显瘦效果的。该短视频先是展示了模特穿其他裤子的效果，然后展示模特穿该款裤子的效果，最后将穿这两款裤子的效果放在同一个画面中进行对比。因为该短视频是同一个模特穿了两款裤子，所以对比效果明显。而用户看到对比之后，也会更加确认运营者推荐的这款裤子有显瘦效果。

图 7-31

7.2.2 美食类商品的带货方法

抖音 App 上聚集了大量"吃货"，这些人都酷爱美食。当短视频中的美食比较诱人时，很多用户都会忍不住下单购买。也正是因为如此，抖音 App 上美食类带货短视频很多。那么，运营者要如何让自己的带货短视频对用户产生吸引力呢？下面，笔者重点介绍两个技巧。

1. 让用户看了放心购买

因为美食是需要吃进嘴里的，所以用户在购买美食时都会比较注重食品安全问题。如果用户觉得你的短视频中推荐的美食不够卫生、不够健康，那么为了身体着想，他们可能就不会下单了。

为了让用户放心购买美食，运营者可以通过短视频将美食的取材、生产和包装等环节都展现出来。用户看到短视频之后，就会明白该美食制作时不存在安全问题，这样自然就会放心购买商品了。

2. 让用户看了垂涎欲滴

我们在电视上经常看到一些美食广告，这些广告中的美食看起来都非常诱人，让人垂涎欲滴，恨不得马上购买品尝一下。运营者在为美食类商品带货时，也可以参考这种广告制作思维，增加美食的视觉刺激感，让用户看到之后垂涎欲滴，忍不住想要下单。

图 7-32 所示的短视频就为用户展示了两款美食，这两款美食看上去都非常诱人，甚至可以说让一部分人垂涎欲滴。这也让许多"吃货"忍不住想要买回来品尝一下。因此，这两款美食在抖音商品橱窗中获得了很多订单，而发布这两条短视频的运营者也因此获得了比较可观的收益。

图 7-32

7.2.3 课程类商品的带货方法

有的人虽然没有实体类商品可以售卖，但是他们在某个领域有着专业的认知。因此,这部分人群便根据自身的专业知识制作了线上课程,并通过短视频进行课程的带货。下面,笔者就为大家介绍课程类短视频的带货技巧,帮助这部分人群获得更好的带货效果。

1. 免费教学展示技术

在购买线上课程时,很多用户都会想一想该课程是否值得购买。为了坚定用户的购买决心,运营者可以在课程类带货短视频中免费展示部分教学内容,让用户看到你的"技术"。这样,只要短视频中展示的教学内容能对用户产生足够的吸引力,那么用户就会觉得你的课程值得购买。

图 7-33 所示的短视频就为用户免费展示了用 AI(Adobe Illustrator 的缩写,译为:矢量绘图工具)绘制插画的过程。具体来说,该短视频将利用 AI 绘制带有青龙的国潮插画的整个过程都展示出来了,而且成品的视觉效果也是比较好的。因此,看到该短视频之后,很多用户都会觉得该运营者是比较擅长 AI 绘图的。

图 7-33

2. 低价课程积累学员

如果课程的价格比较高,可能很多用户会犹豫要不要购买。但是,如果以低价销售课程,那么有的用户会觉得反正也不用花多少钱,便直接购买了课程。因此,运营者如果要长期销售课程,可以先通过低价课程积累学员,等学员比较多时再推出价格较高的课程。

图 7-34 所示的短视频便以 0.02 元的价格向用户销售课程。因为价格比较低,所以有 6600 多人购买,这也让该课程的运营者积累了大批的学员。

图 7-34

7.2.4 设备类商品的带货方法

运营者在制作设备类带货短视频时,可以着重展示商品的某些优势,如方便携带、价格便宜、用途广泛和功能强大等。图 7-35 所示的短视频便是通过展示设备的可自由旋转功能进行带货的。可以看到,短视频中的这款落地支架不仅可以横屏、竖屏旋转,还可以纵向 180 度旋转,该功能对于拍摄短视频或开直播固定镜头都是有益的,因此很多用户都会觉得该款落地支架比较实用。

图 7-35

7.2.5 美妆类商品的带货方法

现在越来越多的人习惯在出门之前用心打扮一番,也正是因为如此,市场对美妆类商品的需求越来越大。那么,运营者要如何为橱窗中的美妆类商品做带货呢?下面,笔者为大家介绍两种方法。

1.说明商品的主要成分

因为美妆类商品都是需要用在身上的,如果这些商品中包含了有害物质,可能会对身体造成损害。所以,许多用户在购买美妆类商品时,都会比较关注商品中的主要成分。对此,运营者可以在带货时重点为用户讲解商品的主要成分,有条件的运营者还可以直接将商品的成分表展示在镜头前。这样,只要商品中的主要成分都是安全的,用户在购买时也会更加放心。

2.展示商品的使用效果

除了商品的主要成分之外,用户对商品的使用效果也是比较关注的,如果看不到具体的效果,用户可能很难判断商品是否适合自己使用。

对此,运营者可以在带货时将商品的整个使用过程都展示出来,让用户可以直观地把握商品的具体使用效果。图 7-36 所示的短视频便为用户展示了口红的使用效果。

图 7-36

03 购物车转化篇

Chapter 08

第8章
从零入门：
快速了解购物车功能

在通过抖音短视频或直播带货的过程中，运营者通常需要用到购物车功能。那么，大家对抖音的购物车功能了解多少呢？本章，笔者将重点讲解购物车功能的相关知识，帮助大家从零开始快速了解购物车功能。

8.1 快速了解抖音购物车

有过电商购物经验的人，基本上都使用过购物车，因此对于购物车很多人都是有所了解的。但是，抖音购物车与电商平台中的购物车是有差异的，它不只是用来放置已选购商品的地方，更具有购物和带货的功能。本节，笔者就为大家讲解抖音购物车的相关知识，帮助大家快速了解抖音购物车。

8.1.1 什么是抖音购物车

抖音购物车包含了抖音平台中与购物车相关的功能和界面。对于用户来说，购物车是购物时不可或缺的一个功能，用户可以通过该功能直接下单购买商品或者将商品添加至购物车中。而对于运营者来说，抖音购物车则是提升带货收益的一个必备功能，运营者可以在短视频和直播购物车中添加商品为用户提供购买渠道，从而提升用户购物的便利性，提升商品的销量。

8.1.2 带货购物车视频的发布限制

从 2020 年 1 月开始，抖音对带货购物车视频的发布次数进行了限制。具体来说，账号的粉丝数不同，可发布的带货购物车视频数量也不同，如图 8-1 所示。

- 粉丝数低于 1000 的账号，每周限制发布 1 条带货购物车视频；
- 粉丝数在 1000~3000 的账号，每天限制发布 2 条带货购物车视频；
- 粉丝数在 3000~10000 的账号，每天限制发布 5 条带货购物车视频；
- 粉丝数在 10000 及以上的账号，每天限制发布 10 条带货购物车视频。

图 8-1

从图 8-1 中不难看出，抖音号的粉丝数越少，可发布带货购物车视频的次数也越少。因此，如果运营者的抖音号粉丝数比较少，一定要珍惜带货购物车视频的发布次数，不要轻易把次数用完。另外，如果运营者想让账号获得更多带货购物车视频的发布次数，可以用心做好账号运营，提升账号的粉丝数。

8.1.3 无法使用购物车带货的原因

运营者无法使用购物车功能进行带货可能有以下几个原因。

一是运营者的抖音号还未开通电商带货功能，未获得购物车功能的相关权限。

二是运营的抖音号带货口碑分太低，已失去购物车带货的相关权限。

三是部分商品仅指定达人可以进行推广，运营者没有通过购物车推广这些商品的权限。

8.1.4 带货购物车短视频使用规范

在发布带货购物车短视频时，需要遵循以下规范，否则，你的短视频可能会被平台判定为违规短视频，同时购物车的带货效果也将会大打折扣。

带货购物车短视频中不能出现抖音平台未接入的第三方平台信息。

带货购物车短视频中不能出现虚假宣传的信息。

带货购物车短视频中不能出现侵权的内容。

带货购物车短视频中不能出现故意损坏商品的行为。

在带货短视频购物车中不能添加与视频内容无关的商品。

8.2 使用购物车功能的场景

无论是运营者还是用户，在使用抖音时，可能都会用到购物车功

第 8 章 从零入门：快速了解购物车功能

能。本节，笔者就为大家讲解使用购物车功能的常见场景，帮助运营者借助购物车功能获得更好的营销推广效果。

8.2.1 短视频购物的场景

在抖音平台中，运营者（包括商家）和用户的身份有时候会出现变化。比如，当运营者为商品带货时，运营者的身份就是商品的推广者；当运营者要购买其他人推广的商品时，运营者的身份就变成了商品的消费者。因此，无论是运营者还是用户，可能都需要使用购物车进行短视频购物。下面，笔者就来讲解短视频购物的场景。

Step 01 打开抖音 App，点击带货短视频中的 🛒（即购物车）图标或短视频推广标题，如图 8-2 所示。

Step 02 执行操作后，会弹出商品详情对话框，如果确定要购买该商品，可以点击对话框中的"立即购买"按钮，如图 8-3 所示。

图 8-2   图 8-3

Step 03 执行操作后，会弹出商品选购对话框，❶选择商品款式和购买数量；❷点击"立即购买"按钮，如图 8-4 所示。

Step 04 执行操作后，进入"确认订单"界面，如果确定要下单，可以点击"提交订单"按钮，如图 8-5 所示。

图 8-4　　　　　　　　图 8-5

Step 05 执行操作后，只需根据提示支付对应的金额便可完成短视频购物。

为了让短视频带货获得更好的效果，运营者可以结合上述场景中的相关内容激发用户的购买欲。例如，添加了带货商品的短视频中会显示短视频推广标题，对此运营者可以通过吸睛推广标题的设置，让更多用户下单购物。

8.2.2 直播间购物的场景

在抖音平台中，通过直播间购物的人也有很多。下面，笔者就通过分步讲解的方式，为大家讲解直播间购物的场景。

Step 01 添加了带货商品的直播间中会显示 🛒 图标，点击该图标，如图 8-6 所示，可以查看该直播间正在出售的商品。

Step 02 执行操作后，会弹出一个对话框，如果要购买某个商品，可以点击其后方的"去抢购"按钮，如图 8-7 所示。

Step 03 执行操作后，会弹出"确认订单"对话框,如果确定要购买该商品，可以点击下方的"提交订单"按钮，如图 8-8 所示。

第 8 章 从零入门：快速了解购物车功能

图 8-6　　　　　图 8-7　　　　　图 8-8

Step 04　执行操作后，只需根据提示支付相应的金额便可完成直播间购物。

针对以上场景，运营者也可以通过一些方法提升商品的直播带货效果。例如，用户点击 🛒 图标之后，会在弹出的对话框中看到商品的主图和标题（这些都是商家上传商品时确定的）。对此，商家在上传商品信息时，可以通过提升主图的美观度和制作有吸引力的标题，来增强用户对商品的购买欲。

8.2.3　抖音商城购物的场景

除了短视频和直播间之外，用户还可以通过抖音 App 购物车功能自带的"抖音商城"进行购物。下面，笔者就来讲解通过抖音商城购物的场景。

Step 01　进入抖音 App 的个人主页，会看到带有 🛒 图标的"抖音商城"按钮，点击该按钮，如图 8-9 所示。

Step 02　执行操作后，进入抖音商城界面，如果要查看某个商品的信息，可以点击其所在的位置，如图 8-10 所示。

Step 03　执行操作后，进入商品详情页，如果要购买该商品，可以点击界面下方的"立即购买"按钮，如图 8-11 所示。

Step 04 执行操作后,进入"确认订单"界面,点击"提交订单"按钮,如图 8-12 所示,支付相应的金额,即可下单购买商品。

图 8-9

图 8-10

图 8-11

图 8-12

8.2.4 将商品加入购物车的场景

如果用户看到喜欢但又不需要马上就购买的商品,可能会将该商

第8章 从零入门：快速了解购物车功能

品先加入购物车，等需要用到该商品时，再进入购物车进行购买。下面，笔者就以分步讲解的形式，为大家呈现将商品加入购物车的场景。

Step 01 通过抖音 App 进入对应商品的详情页，如果要将该商品添加至购物车中，可以点击"加入购物车"按钮，如图 8-13 所示。

Step 02 执行操作后，会弹出商品选购对话框，❶选择商品的购买信息；❷点击"确定"按钮，如图 8-14 所示。

Step 03 执行操作后，如果显示"添加成功，在购物车等你"，就说明商品已添加至购物车，如图 8-15 所示。

图 8-13　　　　　图 8-14　　　　　图 8-15

8.2.5　查看购物车商品的场景

用户在通过抖音商城购物的过程中，同样可以进入购物车，查看已添加的商品，具体操作步骤如下。

Step 01 进入抖音 App 的个人主页，点击界面中的"抖音商城"按钮，进入其界面，点击界面右上方的 图标，如图 8-16 所示。

Step 02 执行操作后，即可进入"购物车"界面，查看购物车中的商品，如图 8-17 所示。

图 8-16

图 8-17

8.3 购物车的常见管理技巧

将商品添加至购物车之后，用户可以对购物车进行一些管理，方便自己更好地购买到需要的商品。本节，笔者就为大家介绍购物车的常见管理技巧。

8.3.1 在购物车中购买商品

用户可以直接在购物车中购买自己需要的商品，具体操作步骤如下。

Step 01 进入抖音 App 的"购物车"界面，❶选中要购买的商品；❷点击界面下方的"结算"按钮，如图 8-18 所示。

Step 02 执行操作后，进入"确认订单"界面，点击"提交订单"按钮，如图 8-19 所示。

Step 03 执行操作后，只需根据提示支付相应的金额，即可下单购买该商品。

第 8 章 从零入门：快速了解购物车功能

图 8-18

图 8-19

除了单独购买某种商品之外，用户还可以直接购买购物车中的所有商品，具体操作步骤如下。

Step 01 进入抖音 App 的"购物车"界面，❶选中"全选"前方的复选框，系统会自动选中购物车中的所有商品；❷点击"结算"按钮，如图 8-20 所示。

Step 02 执行操作后，进入"确认订单"界面，点击"提交订单"按钮，如图 8-21 所示。

图 8-20

图 8-21

Step 03 执行操作后,只需根据提示支付相应的金额,即可下单购买购物车中的所有商品。

8.3.2 删除购物车中的商品

如果不需要购买购物车中的商品了,用户可以通过以下操作进行删除。

Step 01 进入抖音 App 的"购物车"界面,❶选中需要删除的商品;❷点击界面上方的"管理"按钮,如图 8-22 所示。

Step 02 执行操作后,进入购物车管理界面,点击界面下方的"删除"按钮,如图 8-23 所示。

图 8-22

图 8-23

Step 03 执行操作后,会弹出"删除 1(这里显示的是选中要删除的商品数量)件选中商品?"对话框,点击对话框中的"删除"按钮,如图 8-24 所示。

Step 04 执行操作后,如果界面中显示"已删除",就说明对应商品删除成功了,如图 8-25 所示。

图 8-24　　　　　　　　图 8-25

8.3.3　清空购物车中的失效商品

如果购物车中有失效商品（商品已下架或没有库存了，无法再购买），那么用户选中该商品进行结算时会显示"部分商品无法购买，请在失效商品中查看"，如图 8-26 所示。对此，用户可以先清空购物车中的失效商品，再选中需要的商品进行结算。具体来说，用户可以通过如下步骤清空购物车中的失效商品。

图 8-26

点击"购物车"界面失效商品中的"清空"按钮，如图 8-27 所示。执行操作后，在弹出的"清空 1（这里显示的是购物车中失效商品的数量）件失效商品？"对话框中点击"清空"按钮，如图8-28所示，即可清空该失效商品。

图8-27

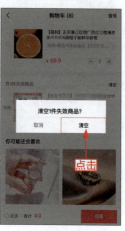

图8-28

除了"购物车"界面之外，运营者还可以通过购物车管理界面删除失效商品。具体来说，运营者可以进入购物车管理界面，点击界面中的"清空失效商品"按钮，如图8-29所示。执行操作后，在弹出的"清空1件失效商品？"对话框中点击"清空"按钮，如图8-30所示，即可清空该失效商品。

图8-29

图8-30

8.4 直播购物车的使用技巧

在抖音发布的短视频和直播中都会显示购物车图标，运营者可以使用购物车对带货的商品进行管理。其中，带货短视频的购物车功能使用起来比较简单，因为在一条短视频中只能添加一种商品，如果运营者不需要再为该商品进行带货，只需直接删除对应短视频即可。那么，直播购物车又如何使用呢？本节，笔者就来讲解相关的使用技巧。

8.4.1 添加直播商品

开启抖音直播之后，运营者可以通过如下操作，借助购物车功能添加直播商品。

Step 01 进入抖音直播界面，点击界面下方的 图标，如图 8-31 所示。

Step 02 执行操作后，会弹出"直播商品"对话框，点击对话框中的"添加直播商品"按钮，如图 8-32 所示。

图 8-31

图 8-32

Step 03 执行操作后，进入"添加商品"界面，点击界面中对应商品后方的"添加"按钮，如图 8-33 所示。

Step 04 执行操作后，如果界面中显示"商品已添加到购物袋"，就说明商品添加成功了，如图 8-34 所示。

图 8-33　　　　　　　　　　图 8-34

Step 05 另外，如果此时返回"直播商品"对话框，会看到对话框中出现了刚刚添加的商品，如图 8-35 所示。

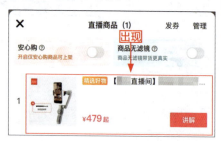

图 8-35

8.4.2　删除直播商品

当抖音直播购物车中的商品不适合再进行销售时，运营者可以通过如下操作直接将其删除，这样直播观众将无法再看到和购买该商品。

Step 01 点击"直播商品"对话框中的"管理"按钮，进入"直播商品"

界面，❶选中需要删除的商品；❷点击界面下方的"删除"按钮，如图 8-36 所示。

Step 02 执行操作后，会弹出"要删除选择的商品吗？"对话框，点击对话框中的"删除"按钮，如图 8-37 所示。

Step 03 执行操作后，"直播商品"界面中刚刚被选中的商品消失了，购物车中的商品数量相应减少，并且排在选择删除的商品后面的商品的排序发生了变化，说明选择商品删除成功了，如图 8-38 所示。

图 8-36

图 8-37

图 8-38

这里删除的商品只在直播购物车中有效，也就是说，如果运营者是选择从抖音号商品橱窗中添加的商品，那么执行上述操作之后，该商品仍旧会在商品橱窗中显示，而且运营者还可以通过添加操作，将已删除的商品再次添加至直播中进行销售。

8.4.3 调整商品排序

当直播间同时销售多款商品时，为了让更多用户看到某款商品，运营者需要对商品的排序进行调整。下面，笔者就为大家讲解商品排序的调整技巧，帮助大家快速调整商品的排序。

Step 01 点击"直播商品"对话框中的"管理"按钮，进入"直播商品"界面，长按住需要调整排序的商品，如图 8-39 所示。

Step 02 执行操作后,即可拖动对应商品的信息,如图 8-40 所示。

图 8-39

图 8-40

Step 03 将商品信息拖动到对应位置后松开手,系统便会自动对商品进行排序。例如,将第 2 个商品拖动到第 1 个商品的位置,该商品图片左上方的序号便由 2 变成了 1,如图 8-41 所示。

图 8-41

如果运营者要将某个商品调整成购物车中的第 1 个商品，也可以直接将该商品"置顶"，具体操作步骤如下。

Step 01 进入"直播商品"界面，❶选中需要置顶的商品；❷点击界面下方的"置顶"按钮，如图 8-42 所示。

Step 02 执行操作后，对应商品将自动置顶，如图 8-43 所示。

图 8-42　　　　　　　　　图 8-43

8.4.4　设置主推商品

如果运营者需要在直播中重点推荐某些商品，可以将这些商品设置为主推商品，让用户可以快速看到这些商品，具体操作步骤如下。

Step 01 进入抖音 App 的"直播商品"界面，点击界面右上方的"设置主推"按钮，如图 8-44 所示。

Step 02 执行操作后，进入"请选择 2—3 个主推商品"界面，❶选中要设置的主推商品；❷点击"已选择 3（这里显示的是已选中商品的数量）个，下一步"按钮，如图 8-45 所示。

图 8-44

图 8-45

Step 03 执行操作后，即可进入"设置主推理由"界面，如图 8-46 所示。

Step 04 ❶依次设置各商品的主推理由（不能超过 8 个字）；❷点击"确认"按钮，如图 8-47 所示，即可将这些商品设置为主推商品。

图 8-46

图 8-47

第 8 章 从零入门：快速了解购物车功能

> **特别提醒**　需要为"设置主推理由"界面中的每个商品都设置主推理由，而且主推理由要符合平台的要求，否则将无法完成主推商品的设置。

运营者完成主推商品的设置之后，用户点击直播间中的 🛒 图标，即可看到该场直播的主推商品。图 8-48 所示为某场直播的商品购物车，可以看到其中显示了这场直播的 3 种主推商品。

图 8-48

需要说明的是，只有当直播购物车中的商品达到 15 个及以上时，才能对主推商品进行设置。具体来说，当直播购物车中的商品少于 15 个时，如果运营者点击"直播商品"界面右上方的"设置主推"按钮，如图 8-49 所示，执行操作后，界面中会弹出"暂无法设置主推"对话框，如图 8-50 所示，而且对话框中会显示"直播商品数量需＞＝ 15 个才可设置主推商品，当前商品数量不足"。

图 8-49

图 8-50

201

8.4.5 设置商品的卖点

为了更好地展示商品的价值，激发直播观众的购买欲，运营者可以通过如下操作设置商品卖点。

Step 01 进入抖音 App 的"直播商品"界面，点击对应商品中的"设置卖点"按钮，如图 8-51 所示。

Step 02 执行操作后，会弹出"设置商品卖点"对话框，❶在对话框中输入商品卖点；❷点击"确认"按钮，如图 8-52 所示。

Step 03 执行操作后，对应商品的标题下方会显示刚刚输入的卖点信息，如图 8-53 所示。

图 8-51

图 8-52

图 8-53

8.4.6 设置讲解中的商品

当直播间中在讲解某个商品时，运营者可以将其设置成讲解中的商品，让观众一看就知道你在讲解哪个商品，具体操作步骤如下。

Step 01 点击直播间下方的 图标，会弹出"直播商品"对话框，点击对话框中对应商品后方的"讲解"按钮，如图 8-54 所示。

Step 02 执行操作后，如果对应商品的图片下方显示"讲解中"，就说明设置成功了，如图 8-55 所示。

图 8-54

图 8-55

将商品设置成讲解中的商品之后，直播间的右下方会显示一个带有"讲解中"的商品卡片，如图 8-56 所示。点击该商品卡片，会弹出商品详情对话框，如图 8-57 所示，直播间的观众可以通过该商品详情对话框查看和购买商品。

图 8-56

图 8-57

Chapter 09

第9章
转化技巧：
将抖音流量变成销量

在通过购物车带货时，运营者获得的收益与商品的转化率直接相关，如果运营者能够运用相关技巧提高商品的转化率，将更多抖音流量转化成销量，那么获得的收益也会更多。

9.1 视频购物车的商品转化技巧

很多运营者都会在发布的短视频中添加商品购物车,为有需要的用户提供购买渠道。对于这些运营者来说,商品转化的效果越好,自身获得的带货收益就越多。本节,笔者就为大家介绍几个视频购物车的商品转化技巧,帮助大家有效地提高带货的收益。

9.1.1 植入商品使用场景

在短视频的场景或情节中植入商品,这是非常关键的一步,这种软植入方式能够让营销和内容完美融合,让人印象深刻,相关技巧如图 9-1 所示。

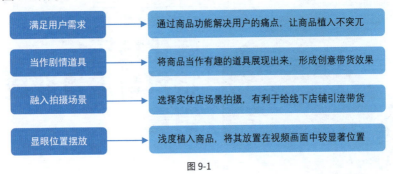

图 9-1

简单而言,带货短视频可以通过台词表述、剧情题材、特写镜头、场景道具、情节捆绑,以及角色名称、文化植入、服装提供等方式植入商品,手段非常多,不一而足,运营者可以根据自己的需要选择合适的植入方式。

9.1.2 拍摄商品制作过程

有的商品需要经过多道工序才能制作出来,对于这一类商品,运营者可以通过短视频拍摄其制作过程。这不仅会让用户觉得商品生产起来比较复杂,物有所值,而且能增进用户对商品的了解,让用户买到商品之后,可以放心使用。

第9章 转化技巧：将抖音流量变成销量

图 9-2 所示为红糖的带货短视频。该视频直接展示了制作红糖的整个过程，因为在此过程中使用的原料和制作的环境都比较干净、卫生，所以用户看到短视频之后会更放心地购买这款红糖。

图 9-2

9.1.3 制作开箱测评视频

在抖音平台上，很多人仅用一个"神秘"包裹就能轻松拍出一条爆款带货短视频。下面，笔者总结了一些开箱测评短视频的拍摄技巧，如图 9-3 所示。

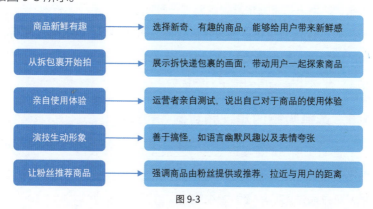

图 9-3

图 9-4 所示为某款螺蛳粉的测评短视频,该短视频便是从运营者亲自体验商品的角度进行拍摄的。虽然看似是对商品进行测评,但是实际上是展示商品的使用过程,通过出镜者的表现来吸引用户下单购买。

图 9-4

9.1.4 通过对比展示效果

带货短视频可以利用对比制造反差,增加短视频内容的趣味性,给用户带来新鲜感。当然,这个反差通常是由你要表现的商品带来的。例如,在化妆品的带货短视频中,可以通过使用化妆品前后的惊人效果对比,给用户带来震惊感,这就是一种明显的反差。

另外,运营者也可以通过将同类商品进行对比,突出自己商品的优势。例如,在某个带货短视频中,运营者就是通过与普通指甲刀进行对比,来突出要销售的指甲刀的优势。

9.1.5 选择吸睛的短视频封面

封面对于用户的停留时长会产生很大的影响,如果一个短视频的封面不够吸睛,很多用户看到之后可能就会选择直接划走。具体来说,运营者可以通过如下步骤为短视频选择封面。

第 9 章 转化技巧：将抖音流量变成销量

Step 01 使用抖音 App 拍摄或上传短视频，进入"发布"界面，点击界面中的"选封面"按钮，如图 9-5 所示。

Step 02 执行操作后，进入短视频封面设置界面，如图 9-6 所示。可以看到，系统会默认将短视频的第一个画面设置成封面。

图 9-5　　　　　　图 9-6

Step 03 在短视频封面设置界面中，❶选择要设置成封面的视频画面；❷点击界面上方的"保存"按钮，如图 9-7 所示。

Step 04 执行操作后，"发布"界面中会显示选择的视频画面，如图 9-8 所示。如果运营者发布短视频，该视频画面便会成为封面。

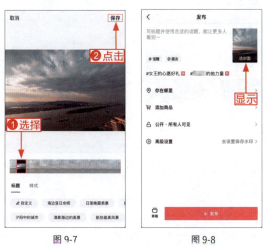

图 9-7　　　　　　图 9-8

在抖音 App 中只能从运营者上传或拍摄的短视频中选择相关画面作为封面，如果运营者觉得自己的短视频素材不够出彩，也可以先通过其他剪辑软件专门制作一个封面，将其放在短视频的开头处。

9.1.6 通过活动优惠促进成交

很多用户在购买商品时都会盘算一下，现在买是否划算。针对这一点，运营者可以通过活动优惠来促进成交。具体来说，运营者可以选择正在做活动或有优惠的商品进行带货，让用户觉得你推荐的商品值得买。

图 9-9 所示为某款豆浆的带货短视频，此时该款豆浆正在以活动专享价进行销售。相比平时，此时该款豆浆的价格比较低，所以很多用户看到价格之后便下单购买了。

图 9-9

图 9-10 所示为某款玉米的带货短视频，此时用户购买该款玉米可以获得 20 元的优惠。与原价 39.9 元相比，19.9 元的券后价无疑会让用户觉得便宜了很多。因此，看到优惠力度之后，很多用户纷纷下单购买。

图 9-10

9.2 直播购物车的商品转化技巧

在抖音直播中，运营者主要是通过直播购物车向用户展示和销售商品的，因此商品的转化率也会与收益直接挂钩。本节，笔者就为大家介绍几个提高直播购物车的商品转化技巧，帮助大家提高直播带货收益。

9.2.1 重点讲解商品的卖点

商品卖点可以理解成商品的优势、优点或特点，也可以理解为自家商品和别家商品的不同之处。怎样让用户选择你的商品？和别家的商品相比，自家商品的竞争力和优势在哪里？这些都是运营者要重点考虑的问题。

在观看直播的过程中，用户或多或少会关注商品的某几个点，并在心理上认同该商品的价值。在这个可以达成交易的时机上，促使用户产生购买行为的，就是商品的核心卖点。找到商品的卖点，便可以让用户更快地接受商品，并且认可商品的价值和效用，从而达到提高商品销量的目的。

因此,对于运营者来说,找到商品的卖点,不断地进行强化和推广,通过快捷、高效的方式,将找出的卖点传递给目标用户是非常重要的。运营者要想让自己销售的商品有不错的成交率,就需要满足目标受众的需求点,而满足目标受众的需求点是需要通过挖掘卖点来实现的。

但是,如果满足目标受众需求的商品在与其他商品的对比中体现不出优势,那么商品卖点也就不能称之为卖点了。要想使商品的价值更好地呈现出来,运营者需要学会从不同的角度来挖掘商品的卖点。下面,笔者就为大家介绍一些挖掘卖点的方法。

1. 结合当今流行趋势挖掘卖点

流行趋势就代表着有一群人在追随这种趋势。运营者在挖掘服装的卖点时,就可以结合当前流行趋势来找到服装的卖点,这也一直是各商家惯用的营销手法。例如,当市面上大规模流行莫兰迪色系的时候,在服装的介绍宣传上就可以通过"莫兰迪色系"这个标签吸引用户的关注。

2. 从服装的质量角度挖掘卖点

商品质量是用户购买商品时的一个关注重点。大部分人购买商品时,都会将商品的质量角度作为重要的参考要素。所以,运营者在直播带货时,可以重点从商品的质量角度挖掘卖点。例如,运营者在挖掘服装的卖点时,可以将商家标明的质量卖点作为直播的重点内容,向用户进行详细的说明。

3. 借助名人效应打造卖点

大众对于名人的一举一动都非常关注,他们希望可以靠近名人的生活,得到心理的满足。这时,名人同款就成为服装的一个宣传卖点。

名人效应早已在生活中的各方面产生了一定的影响,例如,选用明星代言广告,可以刺激用户消费;明星参与公益活动项目,可以带领更多的人了解、参与公益。名人效应就是一种品牌效应,它可以起到获取更多人关注的作用。

运营者只要利用名人效应营造、突出服装的卖点，就可以吸引用户的注意力，让他们产生购买的欲望。

9.2.2 借助用户评价树立口碑

在用户消费行为日益理性化的情况之下，口碑的建立和积累可以为抖音直播带货带来更好的效果。建立口碑的目的就是为品牌树立一个良好的形象，并且口碑的力量会在使用和传播的过程中不断强化，从而为品牌带来更多的用户流量，这也是商家都希望用户能给好评的原因。

在抖音直播中添加的都是抖音小店中的商品，许多用户在购买直播商品时，可能会查看抖音小店的相关评分，以此决定要不要购买。所以，提高店铺的评分就显得尤为重要了。

抖音平台会对抖音小店的商家体验、商品体验、物流体验和商家服务评分。这些评分的高低在一定程度上会影响购买率。评分越高，用户的体验感越好，则店铺的口碑越佳。

优质的商品和售后服务都是口碑营销的关键，处理不好售后问题会让用户对商品的评价大打折扣，并且降低商品的复购率，而优质的售后服务则能让商品和店铺获得更好的口碑。

口碑体现的是品牌和店铺的整体形象，这个形象的好坏主要体现在用户对商品的体验感上，所以口碑营销的重点是不断提升用户体验感。具体来说，用户的体验感可以从3个方面进行改善，如图9-11所示。

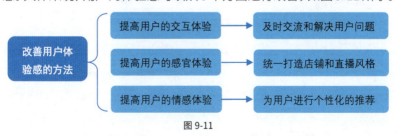

图 9-11

9.2.3 对比突出商品价格优势

俗话说"没有对比就没有伤害",买家在购买商品时都喜欢"货比三家",然后选择性价比更高的商品。但是很多时候,用户会因为不够专业而无法辨认商品的优劣。此时运营者在直播中则需要通过与竞品进行对比,以专业的角度,向用户展示差异化,以增强商品的说服力以及优势。

对比差价是一种高效的直播带货方法,可以带动气氛,激发用户购买的欲望。相同的质量,价格却更为优惠,那么直播间的销量一定很高。常见的差价对比方式就是,将某类商品的直播间价格与其他销售渠道中的价格进行对比,让用户直观地看到直播间商品价格的优势。

例如,某抖音直播间中销售的某款眼霜的优惠价为 18.9 元,如图 9-12 所示。此时,运营者便可以在某个电商平台上搜索同款眼霜,展示其价格,让用户看到自己销售的商品的价格优势,如图 9-13 所示。

图 9-12

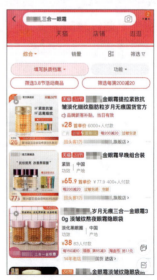

图 9-13

从上面两张图不难看出,该抖音直播间销售的眼霜在价格上有明显的优势。在这种情况下,观看直播的用户就会觉得该直播间销售的眼霜，甚至是其他商品都是物超所值的。这样一来，该直播间的销量便会得到明显的提高。

9.2.4 通过增值内容增强获得感

在直播过程中要让用户心甘情愿地购买商品，其中比较有效的一种方法是为用户提供增值内容。这样一来，用户不仅获得了商品，还收获了与商品相关的知识或者技能，自然是一举两得，购买商品也会毫不犹豫。

典型的增值内容就是让用户从直播中获得知识和技能。部分抖音直播在这方面就做得很好，例如一些利用直播进行销售的商家纷纷推出商品的相关教程，给用户带来更多软需的增值内容。

例如，某销售手工商品的抖音直播间中，运营者经常会向用户展示手工商品的制作过程，如图 9-14 所示，并在直播购物车中为用户提供相关的制作材料。该直播不仅能让用户看到手工商品的制作过程，还会教用户一些制作的技巧。

图 9-14

在运营者制作商品的同时，用户还可以通过弹幕向其咨询制作商品的相关问题，比如"这个是用什么材质做的？""这里是直接将绳子绕过铁丝吗？"等，运营者通常也会耐心地为用户解答。

这样的话，用户不仅通过抖音直播了解到商品的相关信息，而且学到了商品制作的窍门，对手工制作也有了更多了解。而用户在了解了商品的制作过程之后，就会想要购买运营者制作的商品，或者购买材料，自己制作手工商品。这样一来，直播间商品的销量自然也就上去了。

9.2.5 选用专业的抖音直播导购

商品不同，推销方式也有所不同，在对专业性较强的商品进行直播带货时，具有专业知识的内行人更容易说服用户。例如，观看园林种植类抖音直播的用户多为女性，并且这些用户喜欢种植花花草草，他们大多对部分绿植的种植有一些心得，所以如果挑选有专业知识的运营者进行导购，会更容易达成销售。

图 9-15 所示为某园林类商品抖音直播的相关界面。该直播中的运营者本身就对园林植被种植有比较丰富的经验，所以，其直播时能够根据自身经验进行专业讲解、回答用户的各种问题。也正是因为如此，许多对各种花草树木比较感兴趣的用户看到该直播之后快速被吸引住了。

图 9-15

9.2.6　借助专业表达引导用户下单

同样是做抖音直播，有的运营者一场直播可以卖出成千上万件商品，有的运营者一场直播却只能卖出几件商品。之所以会出现这种差异，一个重要原因就是前者懂得通过营销表达技巧引导销售，而后者却不懂得如何通过表达带动商品的销售。下面，笔者就来讲解直播带货的表达技巧，帮助运营者提高带货的表达能力。

1. 直播的通用表达技巧

在抖音直播的过程中，运营者如果能够掌握一些通用的表达技巧，会获得更好的带货、变现效果。下面，笔者对 5 种直播通用表达技巧进行分析和展示，帮助大家更好地提升自身的带货和变现能力。

（1）欢迎用户进入

当有用户进入直播间之后，直播的评论区会有提示，如图 9-16 所示。运营者在看到进直播间的用户之后，可以对其表示欢迎。

图 9-16

当然，为了避免欢迎表达过于单一，运营者可以根据自身和观看直播的用户的特点来制定具体的表达语言。具体来说，欢迎用户的常见表达主要包括以下 4 种。

① 结合自身特色。如："欢迎×××来到我的直播间，希望您能从我的直播间学到办公软件的一些操作技巧！"

② 根据用户的名字。如："欢迎×××的到来，从名字可以看得出你很喜欢吃××。真巧，我也喜欢吃！"

③ 根据用户的账号等级。如："欢迎×××进入直播间，哇，这么高的等级，看来是一位'大佬'了，求守护呀！"

④ 表达对忠实粉丝的欢迎。如："欢迎×××回到我的直播间，几乎每场直播都能看到你，感谢你一直以来的支持呀！"

（2）感谢用户支持

当用户在直播中购买商品或者给你刷礼物支持你时，你可以通过一定的话语对用户表示感谢。

① 对购买商品的感谢。如："谢谢大家的支持，××不到 1 小时就卖出了 500 件，大家太给力了，爱你们！"

② 对刷礼物的感谢。如："感谢××哥的嘉年华，这一下就让对方失去了战斗力，估计以后他都不敢找我 PK 了。××哥太厉害了，给你比心！"

（3）提问活跃气氛

在直播间向用户提问时，运营者要使用能提高用户积极性的话语。对此，笔者认为，运营者可以从两个方面进行思考，具体如下。

① 提供多个选择项，让用户自己选择。如："接下来，大家是想听我唱歌，还是想看我跳舞呢？"

② 提高用户的参与度。如："大家想看哪件商品，可以在评论区打出对应商品的序号！我看哪件商品更受欢迎！"

（4）引导用户助力

运营者要懂得引导用户，让用户为你助力。运营者可以用不同的表达对用户进行引导，达成自身的目的，具体如下。

① 引导购买。如:"天啊!果然好东西都很受欢迎,不到半个小时,××已经只剩下不到一半的库存了,要买的宝宝抓紧时间下单哦!"

② 引导刷礼物。如:"我被对方超过了,大家帮忙助力,让对方看看我们真正的实力!"

③ 引导直播氛围。如:"咦!是我的手机信号断了吗?怎么我的直播评论区一直都没有人说话呢?喂!大家能听到我的声音吗?麻烦听到的宝宝在评论区扣个1。"

(5) 传达下播信号

每场直播都有下播的时候,当直播即将结束时,运营者应该通过下播表达向用户传达信号。那么,如何向用户传达下播信号呢?运营者可以重点从3个方面进行考虑,具体如下。

① 感谢陪伴。如:"直播马上就要结束了,感谢大家在百忙之中抽出宝贵的时间来看我的直播。你们就是我直播的动力,是大家的支持让我一直坚持到了现在。期待下次直播还能看到大家!"

② 直播预告。如:"这次的直播接近尾声了,愉快的时光总是过得很快,还没和大家玩够就要说再见了。喜欢我的朋友可以明晚8点进入我的直播间,到时候我们再一起玩呀!"

③ 表示祝福。如:"时间不早了,我要下班了。大家好好休息,做个好梦,我们来日再聚!"

2. 直播的问答表达技巧

笔者总结整理了一些直播间观众常问的问题和解答范本,以帮助运营者应对直播间的提问,确保抖音直播带货的正常进行。

(1) 商品是否适用

用户常问的一类问题是:"我的体重是××kg,身高是×××cm,这个商品我用(穿)合适吗?""×号链接(的商品),××斤左右可以穿吗?"或者"××斤,要穿哪个尺码的?"

对于这类问题,运营者可以根据用户提供的具体身高、体重信息,给予合理意见；或者将当前商品的尺码与标准尺码进行对比，再做出推荐。如果销售的商品是标准码，可以让用户直接选择平时穿的尺码。当然，运营者也可以在直播间中展示商品的标准尺码推荐参考表，给用户提供一个参照。

这样一来，当用户询问这一类问题时，运营者直接让用户查看尺码参考表就可以了。除此之外，还可以向用户展示商品包装中的尺码表，让用户知道对应尺码的使用情况。

（2）运营者自身情况

用户常问的第二类问题是运营者的身高和体重等信息。部分运营者会在抖音直播间展示自己的身高和体重等信息。但是有的用户可能没有注意到，此时运营者可以直接回复用户，并且提醒用户看直播间中的运营者信息。

（3）商品能否试用

许多用户经常会在直播间询问："×号宝贝可以试一下吗？"用户之所以会问这一类问题，很可能是因为用户在观看直播时，对该商品产生了兴趣，需要运营者进行试用，所以提出了试用的要求。

运营者面对这类提问时，可以通过一定的表达技巧对用户的问题进行回答，并及时安排试用或试穿。

例如，在某服装类销售抖音直播中，部分粉丝要求运营者试穿20号商品。因此，运营者在看到用户的请求之后，马上说道："好的，等下给大家试试20号。"并在展示完一套衣服之后，便快速换上了购物车中的20号商品，将商品的试穿效果展示给用户看。

（4）商品的价格

用户之所以会问这个问题，主要就是因为他（她）没有看商品详情，或者没有找到商品详情页面。对于这个问题，运营者可以直接告知商品的价格，或者告诉用户如何找到商品详情页面。

（5）质问运营者

有时候用户会问运营者，为什么不理人，或者责怪运营者没有理会他。这时运营者需要安抚该用户的情绪，可以回复说没有不理，只是因为消息太多，没有看到。运营者需要明白，如果没有做好安抚工作，可能会丢失这个用户。

除了质问运营者不理自己之外，部分用户可能还会询问运营者：客服怎么不回信息。对此，运营者可以告诉用户，是因为消息太多了，有些回复不过来，并表示自己会提醒客服及时回复消息。

9.2.7　通过直播设置增加曝光量

运营者可以在抖音 App 的"开直播"界面中，对直播的相关信息进行设置，如选择直播话题、分享直播或通过上热门功能为直播"加热"，增加直播间的曝光量，吸引更多用户下单购买商品。下面，笔者就以选择直播话题为例，为大家进行相关讲解。

当用户通过抖音 App "首页"界面的"推荐"选项卡浏览内容时，如果出现的是直播内容，那么界面的下方会显示直播话题，如图 9-17 所示。对此，运营者可以通过如下操作为直播选择热门话题，吸引更多用户进入直播间。

图 9-17

Step 01　进入抖音 App 的"开直播"界面，点击界面中的"选择话题"按钮，如图 9-18 所示。

Step 02　执行操作后，会弹出"选择话题"对话框，点击对话框中的"搜索或自定话题"按钮，如图 9-19 所示。

图 9-18　　　　　　　图 9-19

Step 03 执行操作后，❶输入直播话题，如"手机摄影构图"；❷点击"提交"按钮，如图 9-20 所示。

Step 04 执行操作后，原来"选择话题"按钮所在的位置会显示具体的直播话题，如图 9-21 所示。

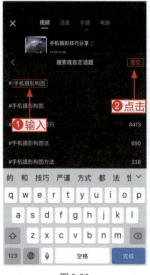

图 9-20　　　　　　　图 9-21

> 图9-19中会默认展示抖音平台当前的热门话题,如果该界面中有符合直播主题的话题,运营者也可以直接点击对应话题后方的"参与"按钮,将该热门话题设置为直播话题。

9.2.8 通过直播预告吸引自然流量

确定了直播时间和内容之后,运营者可以先发布直播预告,吸引对该直播感兴趣的人群及时观看,增加直播获得的自然流量,从而有效地提高直播商品的转化率。下面,笔者就为大家讲解通过直播预告吸引自然流量的相关技巧。

1. 发布直播预告

运营者可以通过抖音的"贴纸"功能,发布带有直播预告信息的短视频,吸引感兴趣的人群观看直播,具体操作步骤如下。

Step 01 在抖音App中上传或拍摄视频,进入视频的预览界面,点击界面中的"贴纸"按钮,如图9-22所示。

Step 02 执行操作后,会弹出一个对话框,点击对话框"贴图"选项卡中的"直播预告"按钮,如图9-23所示。

图 9-22

图 9-23

Step 03 执行操作后,在弹出的"选择开播时间"对话框中,❶选择直播的开播时间;❷点击"确认"按钮,如图 9-24 所示。

Step 04 执行操作后,自动返回短视频预览界面,此时界面中会显示直播预告的相关信息,如图 9-25 所示。

图 9-24　　　　　　图 9-25

Step 05 长按直播预告相关信息所在的位置,将其拖动到合适的位置,如图 9-26 所示。

Step 06 执行操作后,点击视频预览界面中的"下一步"按钮,进入"发布"界面发布该视频。视频发布之后,会在视频画面中显示运营者设置的直播预告信息,如图 9-27 所示。

> **特别提醒** 发布直播预告之后,运营者需要在预告时间的前后 15 分钟内开播,否则,抖音平台可能会限制运营者使用"直播预告"功能。

2. 预告直播信息

除了发布直播预告之外,运营者还可以通过抖音号的"编辑资料"对直播的相关信息进行预告,让用户一看你的主页就知道你的直播时间和内容。例如,运营者可以通过如下步骤编辑账号简介,对直播时间进行预告。

第 9 章 转化技巧：将抖音流量变成销量

图 9-26

图 9-27

Step 01 进入抖音 App 的个人主页，点击"编辑资料"按钮，如图 9-28 所示。

Step 02 执行操作后，进入"编辑个人资料"界面，选择界面中的"简介"选项，如图 9-29 所示。

图 9-28

图 9-29

Step 03 执行操作后，进入"修改简介"界面，❶在界面中输入直播预告的相关信息，如开播时间；❷点击"完成"按钮，如图 9-30 所示。

Step 04 执行操作后，返回个人主页界面，界面中会显示刚刚输入的直播预告信息，如图 9-31 所示。

图 9-30

图 9-31

Chapter 10

第10章
数据分析：评估购物车转化效果

在通过抖音购物车为商品带货的过程中，商家和运营者可以通过数据分析评估商品的转化效果，并在此基础上寻找提高商品转化率的营销推广方案。本章，笔者将以蝉妈妈平台为例，重点为大家讲解购物车数据分析的相关方法。

10.1 账号购物车数据分析

运营者可以通过一些数据平台，查看抖音号购物车的相关数据，了解自己的带货情况，并在此基础上通过对比分析找到更适合自己的卖货方案。以蝉妈妈抖音版平台为例，运营者可以通过如下步骤查看抖音号的相关数据。

Step 01 进入蝉妈妈抖音版平台，❶输入对应抖音号的名称（或名称中的关键词）；❷单击 图标，如图 10-1 所示。

图 10-1

Step 02 执行操作后，进入抖音达人（即抖音号）搜索页面，单击搜索结果中对应账号的头像或名称，如图 10-2 所示。

图 10-2

第 10 章 数据分析：评估购物车转化效果

Step 03 执行操作后，进入对应抖音号的"基础分析"页面，如图 10-3 所示。运营者只需单击页面左侧导航栏中的按钮，即可查看并分析抖音号的相关数据。

图 10-3

10.1.1 直播购物车数据分析

如果运营者主要是通过抖音直播购物车带货的，可以针对账号的直播商品数据进行分析。具体来说，运营者通过搜索进入抖音号的"基础分析"页面之后，可以单击左侧导航栏中的"直播分析"按钮，进入对应页面,查看一段时间内的数据概览和直播观看人次趋势等数据，如图 10-4 所示。

除此之外，运营者还可以滑动页面，在"直播分析"页面的"直播记录"板块中，查看该抖音号各场直播的开播时间、直播时长、观看人次、人气峰值、uv（unique visitor 的缩写，译为：独立访客，即通过互联网访问的自然人）价值、商品数、销量和销售额信息，如图 10-5 所示。

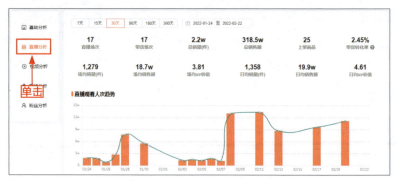

图 10-4

直播记录

销量(件) 2.2w　销售额 318.5w

有预热视频　请输入直播标题或商品标题　导出数据

直播场次	开播时间	直播时长	观看人次	人气峰值	uv价值	商品数	销量(件)	销售额	操作
手表顶配版	02-20 00:00	14小时58分23秒	11.2w	1,058	3.84	18	2,868	42.9w	
手表顶配版	02-17 00:23	16小时28分33秒	9.6w	1,387	2.81	18	1,697	27w	
手表顶配版	02-13 22:34	11小时53分39秒	8.7w	1,090	3.67	18	1,792	31.9w	
手表顶配版	02-11 00:08	18小时53分12秒	13.3w	1,576	3.74	16	3,509	50w	
手表顶配版	02-08 23:23	16小时58分25秒	12.4w	706	3.47	16	4,445	43.1w	
手表顶配版	02-08 08:23	6小时31分10秒	6,036	82	6.87	14	317	4.1w	

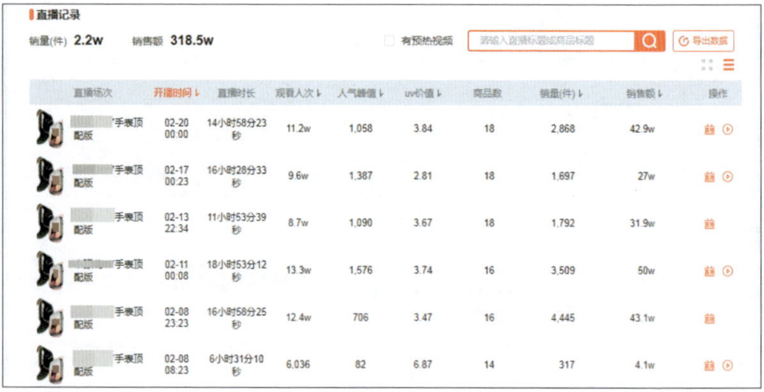

图 10-5

另外，运营者还可以单击对应直播后方的图标，查看该场直播的详细数据。具体来说，运营者可以查看该场直播的流量分析、商品分析、观众分析，以及直播诊断。图 10-6 所示为某场直播的“流量分析”页面。

“直播诊断”页面会对对应直播进行诊断分析。商家和运营者可以单击左侧导航栏中的“直播诊断”按钮，进入对应页面，评估直播的效果。图 10-7 所示为“直播诊断”页面的部分内容。

第 10 章 数据分析:评估购物车转化效果

图 10-6

图 10-7

10.1.2 视频购物车数据分析

如果运营者主要是利用抖音短视频带货,那么可以重点对视频购物车中的商品进行数据分析,了解哪些商品比较受用户的欢迎。这样,在下次选品时,运营者就有了参照。

具体来说，运营者通过搜索进入抖音号“基础分析”页面之后，可以单击左侧导航栏中的“视频分析”按钮，进入对应页面，查看一段时间内视频的数据概览、视频时长分布图和视频发布时间统计图等信息，如图 10-8 所示。

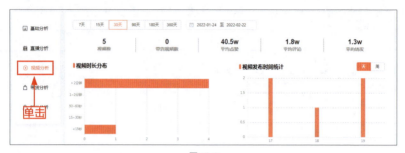

图 10-8

除了上面这些视频数据之外，运营者还可以滑动页面，在“Ta 的视频”板块中，查看每条带货视频的内容、发布时间、预估销量、预估销售额、点赞数、评论数、转发数和关联直播等信息，如图 10-9 所示。

Ta的视频　直播预热视频　有关联商品　请输入视频标题　导出数据

视频内容	发布时间	预估销量(件)	预估销售额	点赞数	评论数	转发数	关联直播	操作
想问你们一个问题，看到活珠子你们第一时间会…	02-21 22:22	--	--	1,283	130	33	--	
在网上学的鼓汁蒸草鱼，味道到底怎么样？	02-21 21:43	8	79.20	3,302	108	91	--	
我也不想买呀，可是他送锅哎！#螺蛳粉	02-21 21:17	0	0.00	795	24	45	--	
无骨鸡爪虽然好吃，但是做起来很费劲，要把每…	02-21 20:43	170	9,071.81	748	70	12	--	
电饭锅蛋糕，这么好吃又有趣的技能一定要学会…	02-21 19:55	0	0.00	5,867	120	198	--	
听罗教授说的话，总是能磨平很多不必要的情绪！	02-21 19:25	44	435.60	707	23	4	--	
在网上学的酸奶变奶酪，真的能成功吗？	02-21 18:14	--	--	1.3w	254	439	--	
这种外酥里嫩糯叽叽的糍粑，谁能不爱啊！	02-21 17:39	141	1,945.80	765	28	21	--	

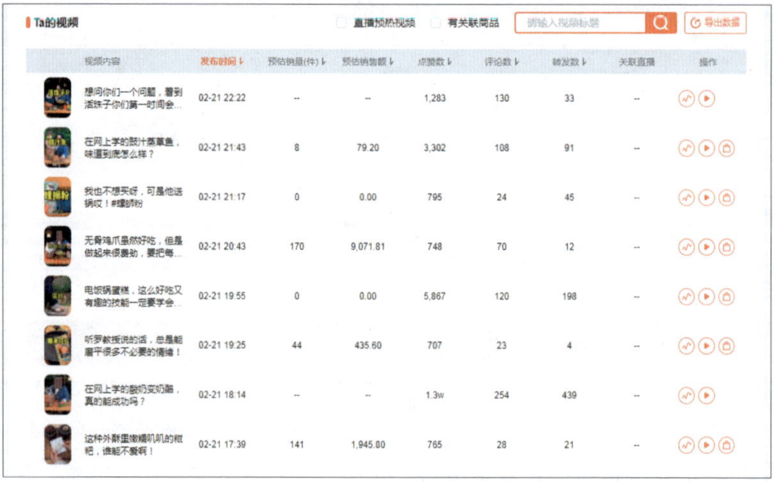

图 10-9

10.1.3　购物车带货数据分析

在蝉妈妈抖音版平台中，对应抖音号的“带货分析”页面会综合分析账号的购物车带货数据。具体来说，运营者可以单击抖音号"基础分析"页面左侧的"带货分析"按钮，进入对应页面，查看账号某段时间的带货数据概览、销量趋势和销售额趋势等信息，如图10-10所示。

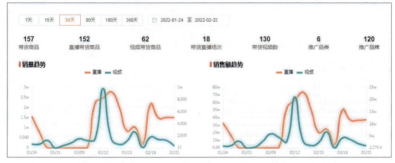

图 10-10

运营者还可以滑动页面，查看抖音号带货过程中的推广和销量TOP5分布图（图中的百分比是指推广和销量的总占比情况），如图10-11所示。

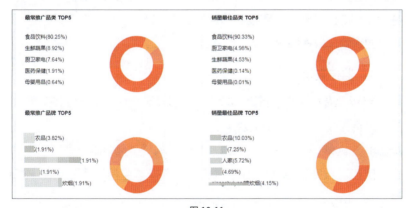

图 10-11

除了上面介绍的这些信息之外，运营者还可以滑动"带货分析"页面，在"商品列表"板块查看各带货商品的来源、价格、佣金比例、销量、销售额、视频数和直播数。图10-12所示为某抖音号数据分析的"商品列表"板块。

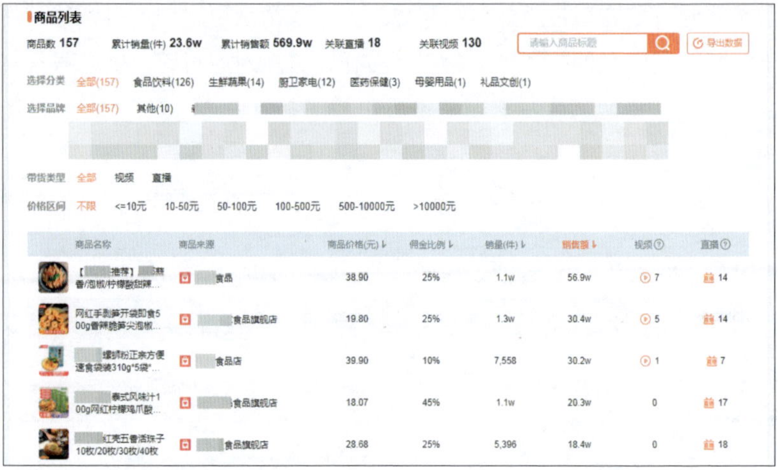

图 10-12

10.1.4 购物车数据监控和分析

如果运营者要分析账号接下来一段时间的商品数据，可以使用蝉妈妈抖音版平台的监控功能，对相关内容进行监控和分析。下面，笔者就分别介绍账号直播和视频的监控操作方法，帮助大家更好地分析账号的购物车带货情况。

1．监控直播

当运营者正在或准备进行直播时，可以通过如下操作监控直播数据，分析直播购物车的带货效果。

Step 01　进入蝉妈妈抖音版平台对应抖音号的"基础分析"页面，❶单击"监控"按钮；❷在弹出的列表框中选择"监控直播"选项，如图 10-13 所示。

Step 02　执行操作后，会弹出"添加监控"对话框，❶在对话框中选择监控时长；❷单击"确定"按钮，如图 10-14 所示。

Step 03　执行操作后，即可完成直播监控的设置。

第 10 章 数据分析：评估购物车转化效果

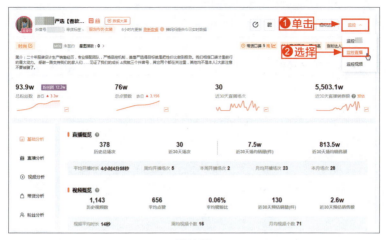

图 10-13

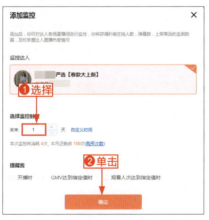

图 10-14

监控设置成功之后，运营者即可在蝉妈妈抖音版平台中查看商品的监控数据和相关分析，具体操作步骤如下。

Step 01 将鼠标停留在蝉妈妈抖音版导航栏中的"我的监控"按钮上，会弹出一个列表框，选择列表框中的"直播监控"选项，如图 10-15 所示。

图 10-15

Step 02 执行操作后,进入"直播监控"页面,单击对应监控内容所在的位置,如图 10-16 所示。

图 10-16

Step 03 执行操作后,如果监控正在进行,会弹出"正在监控"对话框,单击对话框中对应监控内容后方的"查看"按钮,如图 10-17 所示。

Step 04 执行操作后,即可进入对应内容的监控页面,查看相关的实时数据和分析,如图 10-18 所示。

如果运营者监控的是直播,那么除了分析直播的实时数据之外,还可以在直播结束后对整场直播进行分析。具体来说,运营者可以通

第 10 章 数据分析：评估购物车转化效果

过如下步骤查看直播的监控结果，分析直播的效果。

图 10-17

图 10-18

Step 01 进入蝉妈妈抖音版平台的"直播监控"页面，单击结束的监控内容对应的位置，如图 10-19 所示。

图 10-19

Step 02 执行操作后,会弹出"监控完成"对话框,单击对话框中对应直播后方的"查看"按钮,如图 10-20 所示。

图 10-20

Step 03 执行操作后,即可进入该场直播的数据监控页面,如图 10-21 所示,并根据相关数据分析该场直播的带货效果。

图 10-21

2. 监控视频

除了直播之外,运营者还可以监控视频,并通过相关数据分析购物车的带货效果。具体来说,运营者可以通过如下操作监控视频。

Step 01 进入蝉妈妈抖音版平台对应抖音号的"基础分析"页面,❶单击"监控"按钮;❷在弹出的列表框中选择"监控视频"选项,如图 10-22 所示。

第 10 章 数据分析：评估购物车转化效果

图 10-22

Step 02 执行操作后，会弹出"添加达人监控"对话框，如图 10-23 所示。商家和运营者可以单击对话框中"开始日期"或"结束日期"所在的位置，设置视频监控的时间段。

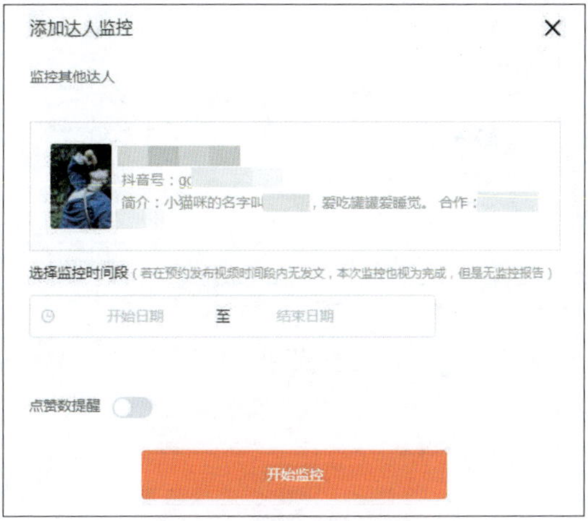

图 10-23

Step 03 单击对话框中"开始日期"或"结束日期"所在的位置之后，会弹出一个显示日期的对话框，❶在对话框中设置监控视频的起始时间；❷单击"确定"按钮，如图 10-24 所示。

239

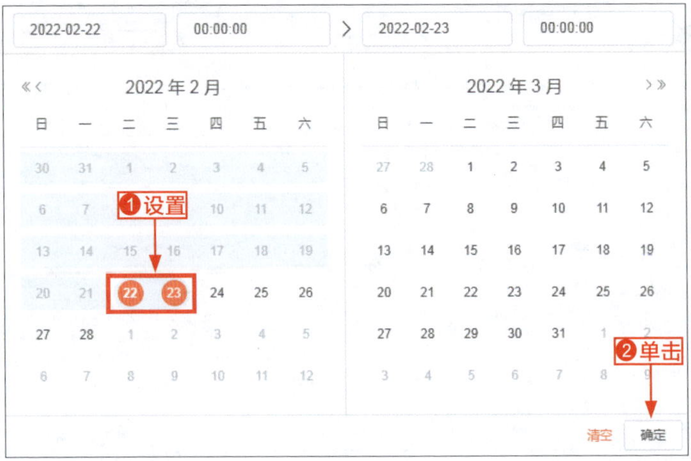

图 10-24

Step 04 执行操作后，"添加达人监控"对话框中会显示视频的监控时间段，单击对话框中的"开始监控"按钮，如图 10-25 所示，即可对该时间段的视频进行监控。

图 10-25

10.2 单个商品带货数据分析

蝉妈妈抖音版平台中除了从账号的角度分析购物车数据之外，还

第 10 章 数据分析：评估购物车转化效果

可以有针对性地分析购物车商品的数据。本节，笔者就为大家讲解单个商品带货数据的分析技巧，帮助商家更好地评估商品的带货效果。

10.2.1 商品基础数据分析

商家可以通过蝉妈妈抖音版平台查看商品的基础数据，分析其总体带货效果，具体操作步骤如下。

Step 01 进入蝉妈妈抖音版平台，❶切换至"商品"选项卡；❷输入商品名称（或关键词）；❸单击 图标，如图 10-26 所示。

图 10-26

Step 02 执行操作后，进入商品搜索页面，单击搜索结果中对应商品的主图或标题，如图 10-27 所示。

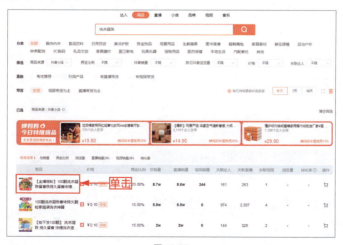

图 10-27

Step 03 执行操作后，即可进入该商品的"基础分析"页面，查看其

241

商品概览、热推达人趋势图和每日视频/直播趋势图等信息，如图 10-28 所示。

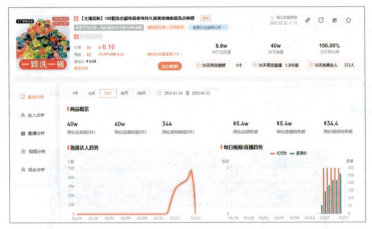

图 10-28

Step 04 商家还可以滑动页面，在"抖音销量趋势"板块中查看该商品的销量变化趋势、浏览量变化趋势以及每日的相关销售数据，如图 10-29 所示。

图 10-29

商家可以结合"基础分析"页面中的相关信息，分析商品的基础带货数据。例如，可以将一个星期内的销售数据综合起来进行对比分析，看看该商品是视频带货的效果好，还是直播带货的效果好。

10.2.2 商品达人数据分析

商家可以针对商品的带货达人进行分析，看看哪些达人的带货效果比较好。具体来说，商家可以通过蝉妈妈抖音版平台搜索商品，进入"基础分析"页面，单击页面导航栏中的"达人分析"按钮，即可在对应页面的"达人概览"板块查看销量最高的 3 位达人与其销量的占比情况，如图 10-30 所示。

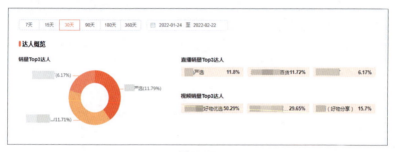

图 10-30

另外，商家还可以滑动页面，在"达人列表"板块中查看各带货达人的带货口碑、预估销量（仅该商品）、预估销售额（仅该商品）、关联视频和关联直播等信息，如图 10-31 所示。

图 10-31

商家可以通过上述数据，特别是"达人列表"板块中的数据，对达人的带货数据进行对比分析，看看哪些达人的带货效果比较好。有需要的商家还可以直接与带货效果好的达人进行沟通，通过适当提高佣金等方式，让这些带货达人更卖力地宣传推广商品。

10.2.3 商品直播数据分析

如果商品主要是通过抖音直播购物车进行销售，商家可以单独分析商品的直播数据。具体来说，商家可以通过蝉妈妈抖音版平台搜索商品，进入"基础分析"页面，单击页面导航栏中的"直播分析"按钮，即可在对应页面的"直播销量趋势"板块查看该商品的预估直播销量、预估直播销售额，如图10-32所示。

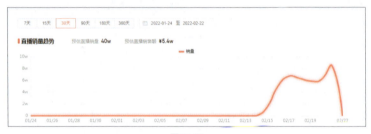

图 10-32

除此之外，商家还可以滑动页面进入"直播记录"板块，查看与该商品关联的直播的相关数据（如商品的讲解时长、直播间售价、销量、销售额、点击率和转化率），如图10-33所示。

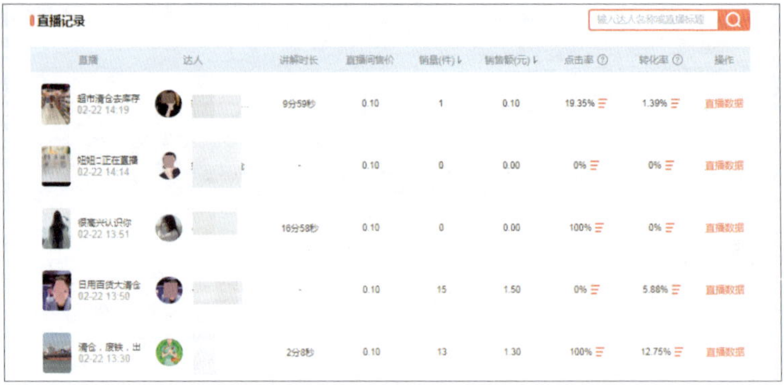

图 10-33

如果商家想了解商品在某场直播中的数据，可以单击图10-33中对应直播后方的"直播数据"按钮。执行操作后，即可在弹出的"商品直播数据"对话框中查看该场直播中商品的数据详情，如图10-34所示。

图 10-34

10.2.4 商品视频数据分析

如果商品主要是通过视频购物车进行销售的，商家可以单独对视频数据进行分析，评估带货的效果。具体来说，商家可以通过蝉妈妈抖音版平台搜索商品，进入"基础分析"页面，单击页面导航栏中的"视频分析"按钮，即可在对应页面的"视频销量趋势"板块查看该商品的预估视频销量、预估视频销售额，如图10-35所示。

图 10-35

另外，商家还可以滑动页面，在“视频记录”板块中查看各带货视频的预估销量、预估销售额、点赞、评论和转发等数据，如图 10-36 所示，通过这些数据分析哪个视频的带货效果更好。

视频记录

请输入视频标题或达人名称

视频	达人	发布时间	预估销量(件)	预估销售额(元)	点赞	评论	转发
不想吃虾线的，建议用这个去虾线…	好物优选	02.21 00:12	173	17.30	2	41	0
#洗衣凝珠 好是好，但太麻烦啦…		02.20 13:49	102	10.20	33	14	8
可以腌入味的香香好物#实用好物 #…	（好物分享）	02.19 17:07	54	5.40	93	27	2
小小一颗可以洗一桶衣服，用了这…		02.18 13:31	4	0.40	24	2	2
洗衣凝珠	百货店	02.17 21:32	11	1.10	4	0	0

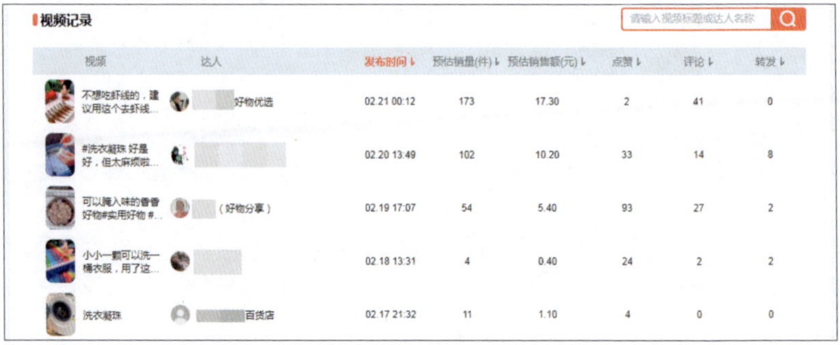

图 10-36

10.2.5 商品粉丝数据分析

除了查看销售推广的相关数据之外，商家还可以查看商品的粉丝数据，看看哪些人群对该商品比较感兴趣。具体来说，商家通过蝉妈妈抖音版平台搜索商品，进入“基础分析”页面，单击页面导航栏中的“粉丝分析”按钮，即可在对应页面查看粉丝的性别分布、地域分布和年龄分布等相关信息，如图 10-37 所示。

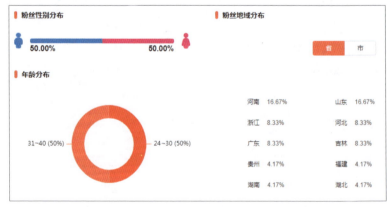

图 10-37

第 10 章 数据分析：评估购物车转化效果

商家可以根据图 10-37 中的数据，得出商品主要受众的相关信息，并结合受众的特点为其推荐商品，提高商品的转化率。例如，从图 10-37 可以看出，该商品粉丝的年龄集中在 24 岁至 40 岁之间，这个年龄段的人基本上是上有老下有小，经济压力比较大，所以他们可能希望买到物美价廉的商品。对此，商家和运营者在为该商品带货时，可以重点展示其质量、用处和优惠的价格，体现商品的高性价比。

> **特别提醒**
>
> 本节，笔者主要是从商家的角度进行解读的，其实运营者也可以通过同样的操作对单个商品的相关数据进行分析。如果运营者觉得该商品可能比较受用户的欢迎，可以单击商品"基础分析"页面上方的 🔗 图标，如图 10-38 所示，复制该商品的链接。这样，运营者只需在抖音 App 中添加商品时粘贴该链接，便可将该商品添加至抖音商品橱窗中。

图 10-38